3^e

Les fichiers Vuibert

allemand

Tout le programme en fiches pratiques

Marie Marhuenda, *professeur au lycée La Fontaine, Paris*
Bernard Viselthier, *maître de conférences à l'Université Paris III*

D1721267

vuibert

ISBN 2-7117-3646-6, © Éditions Vuibert, 1999.

Illustration de couverture : Rony Turlet
Illustrations intérieures : Frédéric Bélonie
Réalisation : Laser Graphie

ISBN : 2-7117-3646-6

© Librairie Vuibert – juillet 1999 – 20 rue Berbier du Mets, F-75647 Paris cedex 13.

Introduction au *Fichier 3ᵉ*

WILLKOMMEN !   **BIENVENUE !**

C'est par **un apprentissage régulier et réfléchi** que nous vous propo-
sons d'avancer dans la maîtrise de la langue.

Ce fichier de 3ᵉ qui s'inscrit dans le droit fil de celui de 4ᵉ vous per-
mettra de compléter vos notions grammaticales et lexicales et de **faire
le bilan de toutes les connaissances** qu'il est utile de posséder en
quittant le collège. Vous y trouverez toutes les nouvelles notions ins-
crites au programme officiel. Nous avons insisté sur certains points fon-
damentaux. En revanche, certaines notions de base ne figurent pas
puisque votre niveau exige à présent la construction personnelle de
notions plus approfondies, vous préparant ainsi au programme des
classes de lycée.

N'oubliez pas qu'à côté du **bagage grammatical**, il vous faut un **bagage
lexical** pour vous orienter facilement dans les situations de la vie de tous
les jours. Nous avons donc, à cet effet, recensé un bon nombre de notions
qui vous serviront directement lors de vos contacts avec des
Allemands ou lors d'un prochain séjour en Allemagne. Faites en sorte que
ces notions deviennent peu à peu des automatismes pour vous et n'hési-
tez pas à solliciter votre mémoire. Vous ne le regretterez pas !

Nous souhaitons que ce fichier vous accompagne dans votre apprentissage et surtout qu'il vous aide à devenir un bon germaniste.

Bon courage !

Comment utiliser ce fichier

Le **sommaire,** page 6,
te donne la liste des fiches,
classées par thèmes.
Consulte-le pour retrouver
tout de suite la fiche
qui répond à ta question.

Tu trouveras ensuites les **fiches**.

POUR REVOIR L'ESSENTIEL

POUR VÉRIFIER QU'ON A COMPRIS

EXERCICES

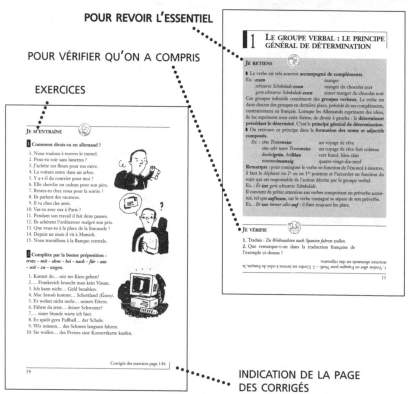

JE M'ENTRAÎNE

1 Comment dirais-tu en allemand ?

1. Nous roulons à travers le tunnel.
2. Peux-tu voir sans lunettes ?
3. J'achète ces fleurs pour ma mère.
4. La voiture entre dans un arbre.
5. Y a-t-il du courrier pour moi ?
6. Elle cherche un cadeau pour son père.
7. Restes-tu chez nous pour la soirée ?
8. Ils parlent des vacances.
9. Il va chez des amis.
10. Vas-tu avec eux à Paris ?
11. Pendant son travail il fait deux pauses.
12. Ils achètent l'ordinateur malgré son prix.
13. Que veux-tu à la place de la limonade ?
14. Depuis un mois il vit à Munich.
15. Nous travaillons à la Banque centrale.

2 Complète par la bonne préposition :
trotz - mit - ohne - bei - nach - für - aus - seit - zu - wegen.

1. Kannst du… mir ins Kino gehen?
2. … Frankreich braucht man kein Visum.
3. Ich kann nicht… Geld bezahlen.
4. Mac Intosh kommt… Schottland *(Écosse).*
5. Er wohnt nicht mehr… seinen Eltern.
6. Fährst du jetzt… deiner Schwester?
7. … einer Stunde warte ich hier.
8. Er spielt gern Fußball… der Schule.
9. Wir müssen… des Schnees langsam fahren.
10. Sie wollen… des Preises eine Konzertkarte kaufen.

Corrigés des exercices page 146

54

---

1 LE GROUPE VERBAL : LE PRINCIPE GÉNÉRAL DE DÉTERMINATION

JE RETIENS

■ Le verbe est très souvent **accompagné de compléments**.
Ex. : *essen*   manger
schwarze Schokolade essen   manger du chocolat noir
gern schwarze Schokolade essen   aimer manger du chocolat noir
Ces groupes infinitifs constituent des **groupes verbaux**. Le verbe est dans chacun des groupes en dernière place, précédé de ses compléments, contrairement au français. Lorsque les Allemands expriment des idées, ils les expriment sous cette forme, de droite à gauche : le **déterminant précédant le déterminé**. C'est le **principe général de détermination**.
■ On retrouve ce principe dans la **formation des noms et adjectifs composés**.
Ex. : *eine Traumreise*   un voyage de rêve
eine sehr teure Traumreise   un voyage de rêve fort coûteux
dunkelgrün, hellblau   vert foncé, bleu clair
neunundneunzig   quatre-vingt-dix-neuf
Remarque : pour conjuguer le verbe en fonction de l'énoncé à émettre, il faut le déplacer en 2ᵉ ou en 1ʳᵉ position et l'accorder en fonction du sujet qui est responsable de l'action décrite par le groupe verbal.
Ex. : *Er isst gern schwarze Schokolade.*
Il convient de prêter attention aux verbes comportant un préverbe accentué, tel que *aufessen*, car le verbe conjugué se sépare de son préverbe.
Ex. : *Er isst immer alles auf* : il finit toujours ses plats.

JE VÉRIFIE

1. Traduis : *Zu Weihnachten nach Spanien fahren wollen.*
2. Que remarque-t-on dans la traduction française de l'exemple ci-dessus ?

1. Vouloir aller en Espagne pour Noël. – 2. L'ordre est inverse à celui du français, la structure allemande allant dire le référence.

11

INDICATION DE LA PAGE
DES CORRIGÉS

Après les **fiches**, tu pourras
lire les fonctions langagières
les plus utilisées dans
la vie courante.

Je localise par rapport à ma situation :
Hier gibt es viele Leute. Il y a beaucoup de monde ici.
Dort ist es ruhiger. Là-bas c'est plus calme.
Unser Freund ist nicht da. Notre ami n'est pas là.
Da drüben siehe ich die Bäckerei. De l'autre côté (de la rue) je vois la boulangerie.
Vor dem Kaufhaus darf man nicht parken. Devant le grand magasin on ne
peut stationner.
Hinter dem Gebäude finden Sie den Parkplatz. Vous trouverez le parking der-
rière le bâtiment.

5. DEMANDER, SE RENSEIGNER

Je demande quelque chose :
Bitte, ich hätte gern eine Cola. J'aimerais bien un coca s'il vous plaît.
Können Sie mir eine Currywurst mit Pommes bringen? Pouvez-vous m'ap-
porter une saucisse au curry avec des frites ?
Und ein Glas Apfelsaft dazu. Avec un verre de jus de pommes (en plus).
Ich möchte ein Stück von diesem Kuchen. J'aimerais un morceau de ce gâteau.
Ich habe Lust nach einem Glas Bier. J'ai envie d'un verre de bière.
Wie schmeckt diese Sauce? Quel goût cette sauce a-t-elle ?
Was kostet das, bitte? Combien cela fait-il, s'il vous plaît ?

Je souhaite obtenir un renseignement :
Können Sie mir bitte sagen, wie… Pouvez-vous me dire s'il vous plaît…
Ich möchte Sie etwas fragen. J'aimerais vous demander quelque chose.
*Wissen Sie, wo… Savez-vous où…
Können Sie mir helfen und sagen, ob… Pouvez-vous m'aider et me dire si…

Je demande une direction :
Kann ich Sie nach dem Weg fragen? Puis-je vous demander le chemin ?
Ist das der richtige Weg nach Barmen? Est-ce la bonne route pour Barmen?
Wie kann ich am besten nach Barmen fahren… Quel est le meilleur chemin
pour Barmen ?
Ich möchte zur Post. Wie komme ich am schnellsten dahin? Je voudrais me
rendre à la poste. Comment y aller le plus rapidement possible ?

À la gare, dans les transports :
*Wann fährt der Zug nach Hamburg ab? Auf welchem Bahnsteig? Von welchem
Gleis?*

124

POUR REPÉRER
LE SUJET ABORDÉ

▮ FICHE 16, page 41

Exercice 1 : Ich habe deine neue
Bluse gewaschen. – 2. Er isst immer
mit seinen alten Koffern. – 3. Sie
kauft keine grünen Äpfel. – 4. Das
Brandenburger Tor ist ein beliebtes
Symbol der Deutschen Einheit. – 5.
Die deutschen Landschaften sind
sehr vielfältig. – 6. Der deutsche Teil
der Alpen umfasst nur einen schmalen Teil dieses Gebirges. – 7. Die
wichtigsten Inseln in der Nordsee
sind die Ostfriesischen Inseln. – 8.
Fast jeder dritte Einwohner der
Bundesrepublik wohnt in einer
Großstadt. – 9. Etwa jedes zehnte
Buch, das weltweit erscheint, ist in
deutscher Sprache geschrieben. – 10.
Deutschland ist ein ausländerfreund-
liches Land.

Exercice 2 : 1. Alle alten Museen die-
ser Stadt interessieren mich. – 2. Ich
habe meiner besten Freundin einen
sehr langen Brief geschrieben. – 3.
Frau Müller, ich habe Ihre neue
Adresse vergessen. – 4. Der blaue
Engel ist ein sehr berühmter Film mit
Marlene Dietrich.

▮ FICHE 17, Page 43

Exercice 1 : 1. I. – 2. D. – 3. G. – 4. F.
– 5. H. – 6. K. – 7. J. – 8. A. – 9. B. –
10. E. – 11. C.

Exercice 2 : 1. *kalter Kaffee* : nominatif masculin singulier. – 2. *guter Ruf* :
nominatif masculin singulier. – 3. *mit
offenen Armen* : datif pluriel. – 4. *gute
Miene* : accusatif féminin singulier. –
5. *mit fremden Federn* : datif pluriel. –
6. *kurzen Prozess* : accusatif masculin
singulier. – 7. *freie Hand* : accusatif
féminin singulier. – 8. *offene Türen* :
accusatif pluriel. – 9. *auf eigenen
Beinen* : datif pluriel. – 10. *fauler
Zauber* : nominatif masculin singu-

lier. – 11. *komplizierte Rechnungen* :
accusatif pluriel.

▮ FICHE 18, page 45

Exercice 1 : 1. Ein Wagen fährt
schneller als ein Fahrrad. – 2. Eis
schmeckt besser als Aspirin. – 3. Ein
Flug nach Berlin dauert länger als ein
Flug nach Nizza. – 4. Ich gehe lieber
ins Kino als zum Zahnarzt (le dentiste). – 5. Ein Buch ist billiger als ein
Fernseher. – 6. Der Eiffelturm ist
höher als das Brandenburger Tor. – 7.
Ich esse lieber im Restaurant als in
der Kantine. – 8. Im Juli ist es wärmer
als im Dezember.

Exercice 2 : 1. Ein Fahrrad fährt nicht
so schnell wie ein Wagen. – 2. Aspirin
schmeckt nicht so gut wie ein Eis. – 3.
Ein Flug nach Nizza dauert nicht so
lange wie ein Flug nach Berlin. – 4.
Ich gehe nicht so gern zum Zahnarzt
wie ins Kino. – 5. Ein Fernseher ist
nicht so billig wie ein Buch. – 6. Das
Brandenburger Tor ist nicht so hoch
wie der Eiffelturm. – 7. In der
Kantine esse ich nicht so gut wie im
Restaurant. – 8. Im Dezember ist es
nicht so warm wie im Juli.

Exercice 3 : 1. Gehst du öfter ins
Schwimmbad als ins Kino? – 2. Sie
arbeitet besser als ihr Bruder. – 3. Es
gibt so viele Vorurteile in
Deutschland wie in Frankreich. – 4.
Boris Becker ist bekannter als Michael
Stich. – 5. Sabine singt nicht so gut
wie Paula. – 6. Peter ist so alt wie
Jürgen. – 7. Er trinkt lieber Tee als
Kaffee. – 8. Ich laufe so schnell wie er.

▮ FICHE 19, page 47

Exercice 1 : 1. Es ist der faulste
Schüler unserer Klasse. – 2. Es ist das
beste Buch, das ich je gelesen habe.
(*je = jamais* au sens positif). – 3. Die

145

Les **corrigés** des **exercices**
des fiches sont à la fin du livre,
sur les pages rouges. Si tu as fait
des erreurs, gomme tes réponses
et recopie les résultats exacts.

5

Sommaire

Introduction au *Fichier 3e* 03
Comment utiliser ce fichier 04
L'allemand et nous 09

A. LE CADRE GRAMMATICAL

I. La construction de la phrase
1. Le groupe verbal :
   le principe général de détermination 11
2. La place du verbe 13
3. La place du verbe dans les subordonnées 15
4. L'ordre des compléments dans la phrase 17
5. La coordination :
   les conjonctions *aber, denn, oder, und, nicht... sondern* 19
6. Coordonner deux subordonnées 21
7. La négation 23

II. Le groupe nominal
8. Les articles définis, indéfinis et partitifs 25
9. Les adjectifs possessifs 27
10. Les quantificateurs : *alle, einige, mehrere, viele, wenige* 29
11. Les cas et les fonctions du groupe nominal :
    nominatif et accusatif 31
12. Le groupe nominal au datif et au génitif 33
13. Le genre des noms 35
14. Le pluriel des noms masculins, les masculins faibles 37
15. Le pluriel des noms féminins et neutres 39
16. Le marquage du groupe nominal (1) 41
17. Le marquage du groupe nominal (2) 43
18. Les comparatifs 45
19. Les superlatifs 47
20. Les pronoms personnels 49
21. Les pronoms relatifs, la subordonnée relative 51
22. Les prépositions suivies de l'accusatif, du datif et du génitif 53
23. Les prépositions mixtes 55
24. Les compléments et adverbes de temps : *heute, morgen, bald, erstens,*
    dann, zuletzt 57

III. Les subordonnées

25. Subordonnées complétives introduites par *daß, ob, da* et *weil,* . . . 59
26. Subordonnées introduites par un pronom intérrogatif :
wer, was, wo, warum, wann. 61
27. La proposition infinitive 63
28. Subordonnées temporelles introduites par : *wenn, als* 65
29. Subordonnées temporelles introduites par : *bevor, nachdem*. 67
30. Subordonnées temporelles introduites par : *während, seitdem (seit),*
solange, bis, sobald 69
31. Subordonnée conditionnelle introduite par : *wenn* 71

IV. Le directionnel et le locatif :

32. *Wo?* et *wohin?* 73
33. *In, nach, bei, zu* 75
34. Les oppositions de verbes : *setzen/sitzen* 77

V. Le verbe

35. La forme du verbe :
simple, à préverbe séparable, inséparable 79
36. Verbes faibles, forts, irréguliers à l'indicatif 81
37. Conjugaison type d'un verbe faible et d'un verbe fort. 83
38. L'emploi des auxiliaires : *haben, sein, werden* 85
39. Le subjonctif 2 : *wäre, hätte, käme, wüßte.* 87
40. Le passif : présent, prétérit 89
41. La syntaxe des verbes. 91
42. Les verbes de modalité 93

B. LES FONCTIONS LANGAGIÈRES

Tests d'évaluation sur les fonctions langagières 96
COMMUNIQUER
1. Se présenter. 120
2. Échanger verbalement. 121
3. Se situer dans le temps 122
4. Se situer dans l'espace 123
5. Demander, se renseigner. 124
6. Interroger l'autre. 125
7. Accepter, remercier, refuser. 126
8. Féliciter 127
9. Prendre congé. 128
10. Conseiller, préférer, donner son avis. 129
11. Avertir, rassurer. 130
12. Exprimer ce qu'on ressent. 131
13. S'interroger, douter, exprimer une hypothèse 132

14. Posséder, perdre 132
15. Décrire un itinéraire, demander son chemin 133
16. Exprimer l'éloignement, le rapprochement 134
17. Faire des courses, acheter, payer 135
18. S'exprimer au café, au restaurant 136
19. Téléphoner 137
20. Écrire une lettre 138
21. Prendre rendez-vous 139

C. CORRIGÉS DES EXERCICES 141
    CORRIGÉS DES TESTS D'ÉVALUATION 152

D. CIVILISATION
1. La nouvelle orthographe allemande 153
2. Les grandes villes d'Allemagne 154
3. Les seize Länder et leurs capitales 156

E. LISTE DES VERBES FORTS 157

L'allemand et nous

Au cœur de l'Europe, il y a plus de 100 millions de personnes qui parlent l'allemand.

En Allemagne, bien sûr, mais aussi en Autriche et en Suisse alémanique. De plus, un grand nombre d'habitants des pays de l'Est se servent de l'allemand pour communiquer avec les étrangers. Et plus près de nous encore, les Belges, les Hollandais et les Luxembourgeois font de même. C'est dire qu'il est utile d'apprendre cette langue qui dépasse les frontières de l'Allemagne.

Si tant d'individus parlent l'allemand à notre porte, il serait dommage de ne pas nouer le dialogue avec eux. **Dans une Europe bientôt fédérale**, où nous réglerons toutes nos dépenses en Euros, la place de la langue allemande est importante. **L'Allemagne est, pour les Français**, le **premier partenaire économique** : être capable de comprendre et de parler la langue de son partenaire, surtout lorsqu'il s'agit d'affaires à conclure, est un atout non négligeable.

La langue allemande n'est pas plus difficile qu'une autre langue.

On pourrait dire, pour grossir le trait, que les Allemands pensent « à l'envers » par rapport à nous : c'est ce système de pensée spécifique qu'il faut essayer de maîtriser à la fois par le raisonnement et la pratique. Ainsi, on apprendra à attendre le verbe dans certains énoncés car c'est de lui que dépend l'information essentielle et on apprendra également à placer les éléments constituant la phrase dans un ordre différent de l'ordre français.

L'orthographe et la prononciation de l'allemand ne présentent pas de grandes difficultés. On parle d'une réforme de l'orthographe en Allemagne pour simplifier certains usages, celui du « ß » en particulier, lettre équivalant à « ss ». Mais tous les Allemands ne sont pas d'accord. À ce jour encore, tous les substantifs prennent une majuscule, une habitude à laquelle on se plie vite. Quant à la prononciation, une fois que l'on a surmonté l'apprentissage des trois diphtongues « ei » ou « ai », « au », « eu » ou « äu » et repéré l'usage du « Umlaut » (l'inflexion), il ne reste plus qu'à se lancer à la conquête de la langue et à accéder à travers elle au monde germanique. (Voir « Les fonctions langagières », page 95)

1 LE GROUPE VERBAL : LE PRINCIPE GÉNÉRAL DE DÉTERMINATION

JE RETIENS

▌ Le verbe est très souvent **accompagné de compléments**.

Ex. : *essen*   manger
    schwarze Schokolade essen   manger du chocolat noir
    gern schwarze Schokolade essen   aimer manger du chocolat noir

Ces groupes infinitifs constituent des **groupes verbaux**. Le verbe est dans chacun des groupes en dernière place, précédé de ses compléments, contrairement au français. Lorsque les Allemands expriment des idées, ils les expriment sous cette forme, de droite à gauche : le **déterminant précédant le déterminé**. C'est le **principe général de détermination**.

▌ On retrouve ce principe dans la **formation des noms et adjectifs composés**.

    Ex. : eine Traumreise   un voyage de rêve
    eine sehr teure Traumreise   un voyage de rêve fort coûteux
    dunkelgrün, hellblau   vert foncé, bleu clair
    neunundneunzig   quatre-vingt-dix-neuf

Remarque : pour conjuguer le verbe en fonction de l'énoncé à émettre, il faut le déplacer en 2e ou en 1re position et l'accorder en fonction du sujet qui est responsable de l'action décrite par le groupe verbal.

Ex. : *Er isst gern schwarze Schokolade.*

Il convient de prêter attention aux verbes comportant un préverbe accentué, tel que *auf/essen*, car le verbe conjugué se sépare de son préverbe.

Ex. : *Er isst immer alles auf* : il finit toujours les plats.

JE VÉRIFIE

1. Traduis : *Zu Weihnachten nach Spanien fahren wollen.*

2. Que remarque-t-on dans la traduction française de l'exemple ci-dessus ?

1. Vouloir aller en Espagne pour Noël. – 2. L'ordre est inverse à celui du français, la structure allemande est dite régressive.

1 Traduis en français les groupes verbaux suivants :

1. Am Sonntag ins Kino gehen dürfen.
2. Im Winter ohne Winterreifen fahren.
3. Jeden Abend vor dem Fernseher sitzen.
4. Manchmal einen Anruf aus Deutschland bekommen.
5. Regelmäßig Briefe an meine Freundin in Belgien schreiben.
6. Die guten Zensuren immer mit Bier feiern.
7. Die Namen der deustchen Länder nicht auswendig lernen wollen.
8. Draußen nicht sehr lange in der Sonne liegen.
9. Die deutsche Grammatik mit Spaß entdecken.
10. Zu lange auf den Mechaniker immer warten müssen.

2 Traduis en allemand les groupes verbaux suivants :

1. Aller en bus à l'école.
2. Manger son casse-croûte pendant la récréation.
3. Téléphoner longtemps avec sa copine.
4. Être obligé de se lever tôt le matin.
5. Offrir des fleurs à ta mère le dimanche.
6. Ne pas vouloir traduire un trop long texte.
7. Pouvoir partir en voiture avec de bons amis à Berlin.
8. Sortir le chien après le dîner.
9. Inviter des copains pour le week-end chez les grands-parents.
10. S'intéresser à l'avenir des échanges scolaires.

3 Forme des mots composés avec les éléments suivants :

1. Der Tisch – die Arbeit. 2. Das Essen – der Abend. 3. Das Brot – die Butter. 4. Die Brille – die Sonne. 5. Der Topf – die Blume. 6. Der Mantel – der Regen. 7. Das Papier – das Geschenk. 8. Die Musik – der Lehrer. 9. Das Haus – die Frau. 10. Die Karte – das Theater.

Corrigés des exercices page 141

2 LA PLACE DU VERBE

Il est essentiel de reconnaître la place du verbe conjugué lorsqu'on construit des propositions.

Ex. : *Ins Kino **gehen***   aller au cinéma
  *gern ins Kino **gehen***   aimer aller au cinéma
  *am Sonntag gern ins Kino **gehen***   aimer aller au cinéma le dimanche

■ Ces trois exemples sont des groupes infinitifs. Le verbe est dans chacun des groupes en dernière place, précédé de ses compléments, contrairement au français. Pour conjuguer le verbe, nous devons le déplacer en **2ᵉ** ou en **1ʳᵉ position**.

Ex. :   *Er geht ins Kino* = structure énonciative ou déclarative.
       1   2

          Wie geht er ins Kino? = structure interrogative partielle.
          1   2   (Comment va-t-il au cinéma ?)
    Gibt es hier noch einen Platz frei? = structure interrogative globale
     1   (Y a-t-il encore ici une place libre ?)
          ou proposition injonctive (impérative) :
          Steh'doch endlich auf! Lève-toi donc !
          1

■ Mais la 1ʳᵉ place de la proposition peut être occupée par **d'autres éléments que le sujet** ou que le verbe conjugué, tels que :
– un élément de liaison du type : *vielleicht, bestimmt* (peut-être, sûrement) ;
– un complément de temps : *am Nachmittag, um 10 Uhr* (l'après-midi, à dix heures) ;
– un élément adverbial du groupe verbal : *gern, schnell, sofort* (volontiers, rapidement, immédiatement).
On obtient alors des énoncés dans lesquels le verbe est en **2ᵉ place.**

Ex. : *Am Nachmittag **trinken** sie immer eine Tasse Tee.*
     L'après-midi ils boivent toujours une tasse de thé.
     Sofort hat er reagiert. Immédiatement il a réagi.
     Bestimmt gibt es einen Stau. Il y a certainement un embouteillage.

1. Le verbe est en place 1 lorsque la proposition est injonctive ou que la structure est de type interrogatif global. ☐ ☐

2. Dans un groupe infinitif, le verbe est en dernière position, contrairement au français. ☐ ☐

1. vrai. – 2. vrai.

JE M'ENTRAÎNE

1 Traduis les groupes infinitifs suivants :

1. immer spät zu Bett gehen.
2. sich auf das Fest vorbereiten.
3. die ganze Nacht mit Freunden tanzen.
4. auf den Rhein spazierenfahren.
5. einen deutschen Text übersetzen.
6. gute Nachricht aus Berlin bekommen.
7. von einer warmen See träumen.
8. mit der Straßenbahn aufs Gymnasium fahren.
9. Mirabellen essen wollen.
10. das Fenster nicht aufamachen können.

2 Dis quelle serait la place du verbe dans la phrase allemande correspondante (1 ou 2) et justifie.

1. Depuis quand es-tu malade ?
2. Va-t-il souvent au cinéma ?
3. Couche-toi vite maintenant !
4. Demain nous avons un contrôle.
5. Vraisemblablement j'aurai du mal.
6. Il joue toujours avant de travailler.
7. Pourquoi n'écoutes-tu pas ?
8. Comment traduis-tu ce moment ?
9. Je le traduis par…
10. Regarde les chars du carnaval !

Corrigés des exercices page 141

3 LA PLACE DU VERBE DANS LES SUBORDONNÉES

JE RETIENS

▊ Lorsque l'on construit une subordonnée, il faut garder en mémoire **l'ordre fondamental**. On retrouve ainsi :
– d'une part, des éléments précédés par une **conjonction de subordination** (*dass, weil, ob, wenn*, etc.) ou un **pronom relatif**,
– et d'autre part, **le groupe verbal**, le verbe conjugué occupant la dernière place, sauf cas particulier. Le sujet de la subordonnée se trouve immédiatement en place 1 après la conjonction.

Ex. : ..., ***weil Mutti am Wochenende im Supermarkt einkauft / eingekauft hat / einkaufen will / einkaufen wird.***

... parce que maman fait ses courses (a fait ses courses, veut faire ses courses, fera ses courses) le week-end au supermarché.

▊ Parfois la subordonnée peut **occuper la première place de la proposition**. On obtient alors la structure suivante :

***Da** meine Schwester ein Auto möchte, spart sie viel Geld.*
  1   2

Puisque ma sœur désire (s'acheter) une auto, elle économise beaucoup d'argent.

Attention : certains éléments ne sont pas considérés comme occupant la place 1 dans une proposition. Ce sont les conjonctions de coordination ***und, aber, oder, denn*** (et, mais, ou, car) ainsi que ***ja nein*** et ***doch*** (oui, non, mais si). Ils ont une place 0.

Ex. : ***Und** sie ist allein zu Hause geblieben, denn sie war sehr müde.*
  0   1 2   0   1 2

Et elle est restée seule à la maison car elle était très fatiguée.

Remarque : entre une proposition principale et une subordonnée, on trouve toujours une virgule. Cependant deux subordonnées reliées entre elles par *und* ou *oder* ne sont pas séparées par une virgule.

Ex. : *Du weißt, dass er Fieber hat und dass er nicht in die Realschule gehen kann.*

Tu sais qu'il a la grippe et qu'il ne peut pas aller au collège.

1. C'est le verbe conjugué qui occupe la place finale en subordonnée. ☐ ☐

2. Si la subordonnée occupe la place 1, c'est le verbe de la principale qui vient en place 2. ☐ ☐

1. vrai. 2. – vrai. (Le verbe qui est conjugué).

JE M'ENTRAÎNE

1 Traduis les subordonnées suivantes :

1. ..., weil er mehr Geld verdienen will.
2. ..., weil sie ein wenig Freizeit hat.
3. ..., wenn die Katze nicht da ist.
4. ..., weil du immer alles sofort willst.
5. ..., dass ich noch drei Seiten lesen muss.
6. ..., da er dich nicht mehr schreibt.
7. ..., weil wir immer allein sind.
8. ..., dass der Hund zu laut bellt.
9. ..., ob er morgen zu uns kommt.
10. ..., wenn er nach Berlin kommt.

2 Dans les phrases suivantes, place la principale en tête et construis le nouvel énoncé.

1. Wenn er Zeit hat, kommt er.
2. Da sein Telefon kaputt ist, kann er uns nicht anrufen,
3. Wenn er draußen turnen kann, freut er sich immer,
4. Wenn er eine deutsche Zeitung liest, übersetzt er alles.
5. Da sie den Schlüssel verloren hat, muss sie vor der Haustür warten.

Corrigés des exercices page 141

4 L'ORDRE DES COMPLÉMENTS DANS LA PHRASE

JE RETIENS

▌ Que mettre en premier : l'accusatif (COD) ou le datif (COI) ?

L'usage allemand diffère sensiblement du français. Là où le français dira :

J'ai offert un livre (COD) à ma nièce (COI).

L'allemand préfèrera l'ordre inverse :

Ich habe meiner Nichte (COI) *ein Buch* (COD) *geschenkt.*

Attention :

• Tout pronom vient en tête des compléments.

Ex. : *Ich habe **es** meiner Nichte geschenkt.* Je l'ai offert à ma nièce.

• Le pronom à l'accusatif précède toujours le pronom au datif.

Ex. : *Ich habe **es ihr** geschenkt.* Je le lui ai offert.

• Le pronom précède aussi le groupe nominal sujet quand ce dernier est placé derrière le verbe conjugué.

Ex. : *Vor einer Woche hat **ihn** die Polizei verhaftet.*

La police l'a arrêté il y a une semaine.

▌ L'ordre des compléments circonstanciels : ils observent généralement l'ordre suivant : *wann?* (le temps), *wie?* (la manière), *wo?/wohin?* (le lieu).

Ex. : *Ich fahre jeden Morgen mit dem Bus in die Schule.* Tous les matins, je vais à l'école en bus. **Mais** si l'information que je désire donner est que j'y vais en bus (et non à pied ou en métro), je dirai : *Ich fahre jeden Morgen in die Schule mit dem Bus.* Vient donc en dernier lieu l'information que je considère comme la plus importante.

JE VÉRIFIE

Construis une phrase en mettant les mots à la bonne place :

1. *meinen Freunden/ich/Kino/gehe/mit/ins.*

2. *meine Schwester/eine CD-Rom/kauft/ihrer Freundin.*

1. Ich gehe mit meinen Freunden ins Kino. – 2. Meine Schwester kauft ihrer Freundin eine CD-Rom.

1 Remets en ordre !

1. tragen/ihren Koffer/muss/zum/sie/Bahnhof.
2. in/die/diesem/Tennis/gern/Kinder/Sportverein/spielen.
3. ?/deiner/Blumen/hast/Großmutter/Blumen/gegeben/du.
4. kauft/in/er/Bäckerei/dieser/Brot.
5. hat/der Nachbarn/der Briefträger/vor dem bissigen Hund/Angst.

2 Comment dirais-tu en allemand ?

– Apporte des BD et des fleurs à Sabine.
– Donne-lui aussi des oranges.
– Rentre ensuite rapidement en tram.

3 Construis en allemand les groupes verbaux suivants :

1. aller demain chez son oncle : ....
2. faire tous les jours du sport : ....
3. attendre longtemps le bus : ....
4. rencontrer un ami au supermarché : ....
5. habiter ici depuis six ans : ....
6. dormir toujours très longtemps : ....
7. ne pas oublier ses devoirs : ....

Que remarques-tu ?

4 Reprends ces groupes verbaux en utilisant comme sujet *mein Bruder*. Que remarques-tu ?

Corrigés des exercices page 142

5 LA COORDINATION : *ABER, DENN, ODER, UND, NICHT... SONDERN*

JE RETIENS

Les conjonctions de coordination **aber** (mais), **denn** (car), **oder** (ou), **und** (et), **nicht... sondern** (pas... mais) ont une place 0 dans la phrase.
Observe attentivement les énoncés suivants et **repère la place du verbe.**

Nach der Schule ist er müde, **aber** *er geht nicht sofort zu Bett.*
  1   2   0 1 2

Après la classe il est fatigué, mais il ne va pas immédiatement au lit.
Nein, *er geht nicht sofort zu Bett.*
  0   1   2

Er sieht gern fern **oder** *(er) liest Comics,* **denn** *er hat Zeit.*
1 2   0   1   2   0   1   2

Il aime regarder la télévision ou lire des B.D., car il a le temps.
Sie fährt in die Stadt **und** *(sie) kauft im Kaufhof ein.*
1 2   0   1   2

Elle va en ville et fait ses courses au Kaufhof.
Sie fährt in die Stadt **und** *im Kaufhof kauft sie ein.*
                0   1   2

Du arbeitest nicht in einer Fabrik, **sondern** *(du) bist in einer Bank tätig*
                                     0   1   2

Tu ne travailles pas dans une usine, mais (au contraire) tu es en activité dans une banque.

JE VÉRIFIE

	vrai	faux
1. Si les conjonctions de coordination ont une place 0 dans la construction de la phrase, je place l'élément 1 (sujet ou complément) juste après une telle conjonction.	☐	☐
2. Quand deux phrases sont coordonnées et que le sujet des deux phrases est identique, il est inutile de reprendre ce dernier dans la deuxième phrase.	☐	☐

1 Mets le verbe à la bonne place.

1. sind : Aber (1) in Deutschland (2) die Ferien (3) nicht (4) sehr lang.
2. hat : Und (1) sie (2) viel (3) gesprochen.
3. kommst : Bleibst du zu Hause oder (1) du (2) mit (3) uns?
4. möchte : Sie raucht nicht, aber (1) manchmal (2) sie (3) versuchen.
5. geht : Er ist müde nach dem Sport, aber (1) er (2) nicht sofort (3) ins Bett (4).
6. willst : Möchtest du ein Eis oder (1) du (2) lieber (3) eine Orange (4) essen?
7. liest : Er spielt jetzt keine Musik, sondern (1) ein tolles (2) Buch.
8. hat : Mutti ist in den Supermarkt gegangen und (1) uns (2) Bonbons gekauft (3).
9. hat : Er schwimmt nicht, denn (1) er (2) Angst (3) vor dem Wasser (4).
10. geht : Nein, es ist unmöglich! Das (1) doch (2) nicht (3).

2 Traduis :

1. Elle a beaucoup d'argent mais elle ne dépense rien.
2. Je m'appelle Hans et mon père s'appelle Franz.
3. Veux-tu boire de la bière ou manger un sandwich?
4. Il n'apprend pas le russe car c'est trop dur.
5. Viens-tu au cinéma ou restes-tu dans la librairie?

3 Traduis :

1. Sie hat keine Zeit für ihre Hausaufgaben, aber sie geht oft ins Kino.
2. Er ist nicht nach Frankreich gefahren, sondern mehrmals nach Italien.
3. Wir mögen Musik, denn Musik tut gut nach der Schule.
4. Ja, wir haben schon dieses Museum besichtigt.
5. Zu Weihnachten möchte er ein Fahrrad bekommen, aber Vater ist nicht einverstanden.

Corrigés des exercices page 142

6 COORDONNER DEUX SUBORDONNÉES

JE RETIENS

■ Dans la majorité des textes, on rencontre des phrases composées d'une proposition principale suivie d'une proposition subordonnée.
Ex. : *Joachim braucht keine Nachhilfe, weil er ein guter Student ist.* Joachim n'a pas besoin de cours privés, parce que c'est un bon étudiant.

■ Parfois la subordonnée peut occuper **la première place de la proposition**. Le verbe de la proposition principale est alors **en 2ᵉ place**.
 Ex. : *Weil er ein guter Student ist, braucht Joachim keine Nachhilfe.*
                         1   2

■ Deux propositions subordonnées peuvent aussi être reliées entre elles par une conjonction de coordination telle que ***und*** ou ***oder***.
Ex. : *Der Lehrer weiß, dass Peter krank ist und dass er nicht wie die anderen Schüler lernen kann.* Le professeur sait que Peter est malade et qu'il ne peut pas apprendre comme les autres élèves.
Attention : les deux subordonnées ne seront **pas séparées par une virgule** car elles sont coordonnées par *und*. Leur construction reste cependant celle d'une subordonnée complétive normale. Les sujets des deux propositions peuvent être dissemblables. Mais il faut respecter la place du verbe, le verbe conjugué occupant la dernière place de la proposition.
Ex. : *Sie glaubt, dass er durch die Welt gereist ist oder dass er einen Unfall gehabt hat.* Elle croit qu'il est parti (en voyage) à travers le monde ou qu'il a eu un accident.

JE VÉRIFIE

                                                               vrai   faux

1. Le fait d'utiliser *und* ou *oder* pour coordonner deux propositions entraîne une construction spéciale de chacune des subordonnées.   ☐   ☐

2. Traduis : Il dit qu'il fait chaud et qu'il a soif.

1. faux. – 2. *Er sagt, dass es warm ist und dass er Durst hat.*

1 Traduis :

1. Je sais que Elke aime la musique et qu'elle joue du piano.
2. Crois-tu que Jörg viendra demain et qu'il apportera sa guitare ?
3. Demain je reste à la maison et je lis des bandes dessinées.
4. Il dit qu'elle est belle et qu'il veut l'épouser.
5. Veux-tu que je vienne demain ou que je te téléphone après-demain ?

2 Traduis les groupes infinitifs suivants :

1. Sich ins Bett legen und ein Glas Mineral Wasser trinken.
2. Gute Nachricht bekommen und sofort antworten.
3. Ins Kino gehen wollen oder vor dem Fernseher sitzen bleiben.
4. Mit der Straßenbahn oder mit der U-Bahn in die Stadt fahren.
5. Ins Konzert und dann in die Disko gehen wollen.

3 Associe correctement les deux parties du même énoncé :

1. Er sagt, dass er kein Geld hat…
2. Wir glauben, dass sie in Köln wohnen…
3. Er glaubt, dass sie krank ist…
4. Sie weiß, dass sie bis morgen die Arbeit schreiben muss…
5. Wir wissen alle, dass die Situation schlimm ist…

A. und dass niemand etwas machen kann.
B. dass sie nicht lange schlafen kann.
C. und dass er nicht weiter studieren kann.
D. und dass sie dort eine Villa besitzen.
E. und dass sie Ruhe braucht.

Corrigés des exercices page 142

7 LA NÉGATION

JE RETIENS

■ *Nicht* (ne... pas)
• La négation se place devant l'élément qu'elle rejette.
Ex. : ***Nicht** Paul hat mich eingeladen, **sondern** seine Schwester.*
 Ce n'est pas Paul qui m'a invité, mais sa sœur.
 *Dieser Mantel ist **nicht** elegant.* Ce manteau n'est pas élégant.
 *Er isst **nicht** viel Fleisch.* Il ne mange pas beaucoup de viande.

• Si elle porte sur la proposition entière, la négation se place alors devant le groupe verbal.
Ex. : *Er will **nicht** Auto fahren.* Il ne veut pas conduire.
 *Er bleibt **nicht** zu Hause.* Il ne reste pas à la maison.
Auto fahren et *zu Hause bleiben* constituent une unité de sens qu'on ne peut séparer.
Dans l'exemple suivant : *Ich verstehe diese Englischaufgabe nicht* (Je ne comprends pas ce devoir d'anglais), *nicht* porte sur le fait de ne pas comprendre : *nicht verstehen*.

■ *Kein* à la place de *nicht*
• On l'emploi quand on peut dire en français « pas un, pas de, aucun ».
Ex. : *Er isst **kein** Fleisch.* Il ne mange pas de viande.
 *Es besteht **keine** Hoffnung mehr.* Il n'y a plus d'espoir.
 *Ich habe **keine** Geduld* Je n'ai pas de patience.

• On l'emploi également pour nier les expressions suivantes :
Ich habe Zeit → *Ich habe **keine** Zeit.*
Ich habe Hunger → *Ich habe **keinen** Hunger.*
Ich habe Durst → *Ich habe **keinen** Durst.*
Ich habe Geduld → *Ich habe **keine** Geduld.*
Ex. : *Nur **keine** Angst!* N'aie/n'ayez pas peur.
 ***Keine** Ahnung!* Je n'en ai pas la moindre idée.

Rappel : *kein* au singulier se décline sur le modèle de l'article indéfini *ein, eine, ein* et au pluriel sur le modèle de l'article défini pluriel *die*.

JE VÉRIFIE

Avec quelle négation peut-on nier les phrases suivantes ?
1. *Er trinkt gern Tee.*   *Nicht? Kein?*
2. *Er will ein Auto kaufen.*   *Nicht? Kein?*

1. Er trinkt nicht gern Tee. – 2. Er will kein Auto kaufen.

JE M'ENTRAÎNE

1 **Réponds négativement aux phrases suivantes :**

1. Kannst du mir dein Fahrrad leihen?
2. Isst du gern Eis?
3. Kannst du schwimmen?
4. Hast du einen CD-Player?
5. Gefällt dir dieses Poster?
6. Kommst du mit?
7. Möchtest du noch eine Banane?
8. Hast du genug Geld?
9. Gehst du ins Kino?
10. Hast du dir diese Reportage angesehen?
11. Hast du Fieber?
12. Bist du krank?
13. Kennst du deine neuen Nachbarn?

2 **Traduis :**

1. Il n'a pas envie d'aller au cinéma.
2. Je ne sais pas s'il va à l'école aujourd'hui.
3. Elle n'a pas le temps.
4. Elle n'a jamais le temps.
5. Je ne regarde pas la télévision tous les jours.
6. Elle n'a aucune patience.
7. Je ne connais pas cet acteur. *(der Schauspieler)*
8. Je n'en ai pas la moindre idée.
9. Ne rentre pas tard à la maison.
10. Je ne suis pas fatigué.

Corrigés des exercices page 142

8 LES ARTICLES DÉFINIS, INDÉFINIS ET PARTITIFS

JE RETIENS

Placés devant le nom, les articles le déterminent en genre et en nombre avec plus ou moins de précision.

■ **L'article défini** (le, la, les) : prenons comme exemple *der Apfel* (la pomme), *die Birne* (la poire) et *das Plätzchen* (le petit sablé).

	Masculin	Féminin	Neutre	Pluriel
N.	*der Apfel*	*die Birne*	*das Plätzchen*	*die Äpfel*
A.	*den Apfel*	*die Birne*	*das Plätzchen*	*die Äpfel*
D.	*dem Apfel*	*der Birne*	*dem Plätzchen*	*den Äpfeln*
G.	*des Apfels*	*der Birne*	*des Plätzchens*	*der Äpfel*

■ **L'article indéfini** (un, une) n'existe qu'au singulier.

	Masculin	Féminin	Neutre
N.	*ein Apfel*	*eine Birne*	*ein Plätzchen*
A.	*einen Apfel*	*eine Birne*	*ein Plätzchen*
D.	*einem Apfel*	*einer Birne*	*einem Plätzchen*
G.	*eines Apfels*	*einer Birne*	*eines Plätzchens*

■ **L'article partitif** (du, de la, des) ne se traduit pas en allemand.

Ex. : *Um den Kuchen zu backen, brauche ich Mehl, Butter und Eier.*
Pour faire le gâteau, il me faut de la farine, du beurre et des œufs.

JE VÉRIFIE

Que dis-tu quand....

1. je te demande si tu vois mon chien :   *a. Siehst du einen Hund?*
   b. Siehst du den Hund?

2. je te demande si tu as acheté des BD :   *a. Hast du Comics gekauft?*
   b. Hast du die Comics gekauft?

1. *b.* Car c'est le chien que tu connais. – 2. *a.* Car il s'agit de BD en général.

1 Comment dirais-tu en allemand ?

1. Elle a de grands enfants.
2. Nous avons un chat noir.
3. Elle attend un bébé.
4. J'ai toujours faim.
5. Ils ont envie d'apprendre l'allemand.
8. As-tu le temps de m'aider à faire mes devoirs ?
7. As-tu vu le film qui a été récompensé au festival de Berlin ?
   (bei den Berliner Filmfestspielen prämiert werden)
8. La robe rose en vitrine me plaît beaucoup.
9. Manges-tu souvent des champignons ?
10. Je me réjouis à la pensée des vacances.
11. Vienne, la capitale de l'Autriche, attire *(anlocken)* beaucoup de monde.
12. Connais-tu Paul, le meilleur élève de notre classe ?
13. J'ai froid aux pieds.

2 Un petit exercice de version. Traduis les phrases suivantes :

1. Die meisten Kinder essen gern Bonbons.
2. Meine Großeltern haben eine schöne Villa am Meer.
3. Wir haben den Weihnachtsbaum mit bunten Kugeln geschmückt.
4. Das Kind spielt mit Bleisoldaten.
5. Im Juli fahren wir in die Türkei.
8. Sebastian hat zum Geburtstag ein Fahrrad bekommen.
7. Sie verbringen die Winterferien im Gebirge.
8. Hast du die neuen Nachbarn kennengelernt?
9. Ich habe Kopfschmerzen.
10. Sie hat Geduld.
11. Die Stadt liegt in einer schönen Umgebung.

Corrigés des exercices page 143

9 LES ADJECTIFS POSSESSIFS

JE RETIENS

Les adjectifs possessifs se déclinent au singulier sur le modèle de l'article indéfini *ein, eine, ein* et au pluriel sur le modèle de l'article défini pluriel *die*.

▌ **1re personne du singulier** (mon, ma, mes) : *mein, meine, mein/meine.*

▌ **2e personne du singulier** (ton, ta, tes) : *dein, deine, dein/deine.*

▌ **3e personne du singulier** (son, sa, ses) : il faut, à cette personne, faire attention au **genre du possesseur.**

On emploiera : – s'il est masculin ou neutre : *sein, seine, sein/seine* ;
                – s'il est féminin : *ihr, ihre, ihr/ihre.*

Ex. : ***Herr Müller** führt **seinen** Hund aus.*

Monsieur Müller sort son chien.

***Frau Müller** führt **ihren** Hund aus.*

Madame Müller sort son chien.

▌ **1re personne du pluriel** (notre, nos) : *unser, unsere, unser/unsere.*

▌ **2e personne du pluriel** (votre, vos) : *euer, eure, euer/eure.*

Attention : Si *euer* prend une marque, il perd un *e*.

Ex. : *Kinder, lernt eure Lektion!*

Apprenez-votre leçon les enfants !

▌ **3e personne du pluriel et forme de politesse** (votre, vos) : *ihr, ihre, ihr/ihre.*

Pour la forme de politesse, l'adjectif possessif prend une majuscule :

Ex. : *Herr Müller, Wo haben Sie Ihre Brille hingelegt?*

Monsieur Müller, où avez-vous posé vos lunettes ?

JE VÉRIFIE

1. *Die Kinder machen....... Deutschaufgabe.*   *seine? ihre?*

2. *Luise lernt....... Lektion.*   *seine? ihre?*

1. *Ihre* = leur. – 2. *Ihre* = sa (possesseur féminin).

27

1 Réponds positivement aux questions posées en employant un adjectif possessif :

1. Gehört dieses Auto deinen Eltern? Ja, es ist.......Auto.
2. Gehört das Fahrrad deinem Freund. Ja, es ist...... Fahrrad.
3. Gehören diese Bücher deinen Freunden, Ja, es sind...... Bücher.
4. Ist das dein Ball? Ja, das ist...... Ball.
5. Sind das eure Comics? Ja, das sind...... Comics.
6. Gehört dieses *Asterix* deiner Schwester? Ja, es ist..... *Asterix*.

2 Traduis :

1. Nos voisins ont une nouvelle voiture.
2. Prête-moi ton walkman s'il te plaît.

3. Quel film sont allés voir tes amis ?
4. Avez-vous votre clé (*der Schlüssel*), Monsieur Müller ?
5. Sabine perd très souvent ses lunettes.
6. N'oubliez pas vos gants les enfants !
7. Il pleut : les enfants prennent leurs bottes et leur imperméable.
   (la botte : *der Stiefel* (6), l'imperméable : *der Regenmantel*).
8. Sortez-vous votre chien tous les jours ? (deux possibilités)

Corrigés des exercices page 143

10 LES QUANTIFICATEURS : *ALLE, EINIGE, MEHRERE, VIELE, WENIGE*

JE RETIENS

Les quantificateurs indiquent un nombre ou une quantité.

▌ **Ils peuvent désigner une totalité** comme *alle* (tous les).
Ex. : *Er mag **alle** Tiere.* Il aime tous les animaux.
Alle se décline sur le modèle de l'article défini pluriel *die*.

Ex. : *Er fotografiert **alle** alten Häuser des Dorfes.*
Il photographie toutes les vieilles maisons du village.

Attention :
• *all-* peut aussi s'employer au singulier et se décline alors sur le modèle de l'article défini *der, die, das*.
Ex. : ***Aller** Anfang ist schwer.* Tout début est difficile.
*In **aller** Stille.* Dans la plus stricte intimité.
*Ohne **allen** Grund.* Sans aucune raison.
• *all (e)* peut être employé avec un autre déterminatif : *all* reste invariable ou bien chacun des déterminatifs garde sa propre déclinaison.

Ex. : ***All (e)** diese Schüler nehmen am Schulaustausch teil.*
Tous ces élèves participent au jumelage.

▌ **D'autres désignent une partie d'un ensemble connu comme :**
einige (quelques), *manche* (certains), *mehrere* (plusieurs), *viele* (beaucoup), *wenige* (peu). Ils se déclinent **au pluriel** comme des adjectifs épithètes. Ex. : *Er hat **einige** schöne Weihnachtsgeschenke bekommen.* Il a reçu quelques beaux cadeaux de Noël. *Sie reist mit **vielen** Koffern.* Elle voyage avec beaucoup de valises.

Au singulier :
• *mancher, manche, manches* se décline sur le modèle de l'article défini *der, die, das*. Ex. : ***Manches** Kind träumt von einem Märchenland.* Plus d'un enfant rêve d'un pays merveilleux.

• *wenig, viel* sont invariables. Ex. : *Sie hat **wenig** Geld.* Elle a peu d'argent. ***Viel** Spaß!* Amuse-toi bien ! **Mais :** *vielen Dank.* Merci beaucoup.

Coche la traduction correcte :

1. *Auf alle Fälle* : Il n'en est pas question. – En tout cas. – Avant toute chose.

2. *Alles in allem* : C'est toute la question. – Tout ce qui est là. – Somme toute.

1. En tout cas. – 2. Somme toute.

JE M'ENTRAÎNE

1 Traduis :

1. Les nouveaux voisins font peu de bruit.
2. J'ai invité quelques amis à prendre le café.
3. Beaucoup d'enfants lisent des BD.
4. Elle mange plusieurs bananes tous les jours.
6. As-tu lu beaucoup de romans d'Erich Kästner ?
6. Elle boit peu de lait.
7. Peu d'élèves sont obligés de redoubler.
8. J'ai peu d'espoir.
9. Elle a plusieurs pulls noirs.

2 Traduis aussi :

1. In deiner Übung sind wenige Fehler zu verbessern.
2. Vor einiger Zeit habe ich ihn im Supermarkt getroffen.
3. Ich wünsche euch alles Gute!
4. Die Broschüre beschreibt all die Wanderstrecken von Bayern.
5. Karten mit allen Wanderwegen sind bei dem Fremdenverkehrsamt erhältlich.
6. Viele Busse bringen die Touristen ins Tal zurück.
7. Dazu gehört wenig Mut.
8. Nur wenige Studenten schreiben eine Doktorarbeit.
9. Mit viel Geld kommt man weit.
10. 1993 fand die größte Cézanne-Ausstellung aller Zeiten in Tübingen statt.

Corrigés des exercices page 143

11 LES CAS ET LES FONCTIONS DU GROUPE NOMINAL : NOMINATIF ET ACCUSATIF

JE RETIENS

Le groupe nominal est régis par 4 cas : le nominatif, l'accusatif, le datif et le génitif.

▌ **Le nominatif** : c'est le cas du sujet qui fait une action, c'est le cas également, comme en français, de l'attribut du sujet. Il répond à la question « **Wer?** » pour les **personnes**, ou « **Was?** » pour les **choses**.
Ex. : *Der Busfahrer ist ein netter Mann. Der Bus fährt immer pünktlich ab.*

▌ **L'accusatif** : c'est le cas du complément d'objet direct, c'est aussi le cas que régissent certaines prépositions ou certains verbes. C'est, de plus, le cas privilégié du « **directionnel** ». On l'emploie également pour exprimer les compléments de durée et d'espace parcouru.
Le cas de l'accusatif se marque en fonction du **genre du substantif** utilisé (voir fiche « Les adjectifs épithètes »).
Il répond à la question « **Wen?** » pour les **personnes** et « **Was?** » pour les **choses**.

- *Kennst du **dieses alte Haus?***   Connais-tu cette vieille maison ?
  *Er kauft **einen großen Wagen.***   Il achète une grande voiture.
  *Sie bekommt **ein schönes Plüschtier.***   Elle reçoit un bel animal en peluche.
  *Wir haben **eine nette Nachbarin.***   Nous avons une gentille voisine.
- *Wir gehen jetzt **durch den alten Stadtpark**.* Nous traversons maintenant le vieux parc municipal. La préposition *durch* (à travers) régit l'accusatif.
- *Denkst du oft **an die Ferien?** Denken an* + accusatif.
  Penses-tu souvent aux vacances ?
- ***Wohin** fährt ihr? **In die Vereinigten Staaten**.*
  Où partez-vous ? Aux États-Unis.
- *Er ist **einen ganzen Monat** in Berlin geblieben.*
  Il est resté un mois entier à Berlin.
  *Sie hat **ein halbes Jahr** in Frankfurt studiert.*
  Elle a étudié un semestre (une demi-année) à Francfort.
- *Vater ist **die Treppe** hinuntergelaufen.*
  Papa a descendu l'escalier en courant.

1. L'accusatif joue plusieurs fonctions et n'est pas que la marque du C.O.D. français. ☐ ☐

2. Dans cette phrase, où est la forme à l'accusatif ? *Mutter hat in einem eleganten Geschäft einen schönen Hut gekauft.* ☐ ☐

1. vrai. – 2. *Einen schönen Hut* (accusatif masculin singulier).

JE M'ENTRAÎNE

1 **Dans les phrases suivantes, souligne le groupe nominal au nominatif.**

1. Wie kommt der Lehrer in die Schule?
2. Zu Weihnachten hat das Kind viele Spielzeuge bekommen.
3. Sie sind keine netten Freunde.
4. Wie heißt dieses gute Buch?
5. Die Informationen im Internet sind klar.

2 **Traduis :**

1. Die Schüler arbeiten gut.
2. Wo bleibt die Lehrerin?
3. Deine Freunde sind sehr nett.
4. Was bedeutet dieses Wort auf Französisch?
5. Das ist ein guter Apparat (ein gutes Gerät).

3 **Fais des phrases interrogatives en posant la question « *Wen* » ou « *Was* » selon le cas.**

1. Dort sehe ich deine Eltern.
2. Diesen Apparat mag ich nicht.
3. Wir kennen diesen alten Herrn nicht.
4. Gestern habe ich eine alte Freundin getroffen.
5. Sie zeichnet immer schöne Landschaften *(paysages)*.

Corrigés des exercices page 144

12 LE GROUPE NOMINAL AU DATIF ET AU GÉNITIF

JE RETIENS

Deux autres cas s'appliquent au groupe nominal : le datif et le génitif.

■ **Le datif : c'est le cas du complément d'attribution**, c'est aussi le cas régis par certaines prépositions ou certains verbes (à savoir par cœur). C'est encore **le cas privilégié du locatif**. Il répond à la question *«Wem?»* (à qui?) et à la question *«Wo?»* (où ?).

Ex. : *Er schenkt **seiner Freundin** eine schöne Uhr.* (datif féminin)
Il offre une belle montre à son amie.
*Wir geben **unseren Gästen** einen guten Stadtplan.* (datif pluriel)
Nous donnons un bon plan de ville à nos invités.

• **Attention** : le complément au datif précède celui à l'accusatif. C'est l'inverse quand ils sont sous forme de pronoms !

Ex. : *Er schenkt sie **ihr**.* Il la lui offre (la montre).
*Wir geben ihn **ihnen**.* Nous le leur donnons (le plan).

• Ne pas oublier non plus le *n* à reporter sur le **substantif au datif pluriel**. Ex. : *Mit ihm weiß man nie.* Avec lui on ne sait jamais. *Mit* (avec) régit le datif. *Er hilft **seinem Freund**.* Il aide son ami. *Helfen* (aider) demande le datif. *Wo arbeitet er?* (Où travaille-t-il ?) *In **einer** Fabrik* (dans une usine).

■ **Le génitif : il sert à définir l'appartenance.**

• **C'est le cas du complément de nom** : le vélo de mon professeur, les livres des étudiants, etc. Il répond à la question *«Wessen?»* moins usitée de nos jours qu'autrefois.

Ex. : ***Wessen** Wagen ist das?*
*Es ist **der Wagen meines Vaters, meiner Mutter, meiner Eltern.***
C'est la voiture de mon père, de ma mère, de mes parents.

• La forme la plus employée est celle du **génitif saxon** qui concerne **les noms propres.**

Ex. : *Es ist Peters Buch.* C'est le livre de Pierre.
Das ist Christas Mannschaft. Voici l'équipe de Christa.

Le nom propre prend la marque *s* et n'est précédé ni suivi **d'aucun déterminatif.** Cette forme existe également en anglais sous la désignation de «cas possessif».

JE VÉRIFIE

1. *Ich gebe **meinem Freund** ein Glas Cola.* Dans cette phrase que remarque-t-on par rapport à la traduction française?

2. Traduis : la veste de Jörg, le cahier de Bettina, la maison de mes parents.

1. La marque du datif contient la préposition « à » qui ne se traduit donc pas. (Je donne un verre de Coca à mon ami). – 2. *Jörgs Jacke, Bettinas Heft, das Haus meiner Eltern.*

JE M'ENTRAÎNE

1 Traduis les phrases suivantes :

1. Mutti schenkt dem Opa ein Buch.
2. Bernd bringt seinem Freund ein Poster.
3. Jochen kauft seiner Mutter Kuchen.
4. Gibst du deiner Lehrerin ein Glas Cola?
5. Sie wollen ihrem Freund keinen Pfennig geben.
6. Vati gibt seinen Kindern Medikamente.
7. Felix bringt seinem Onkel einen Teller.
8. Sie will mir keine Suppe kochen.
9. Wir zeigen dem Lehrer unsere Arbeit.
10. Die Eltern geben dem Bettler (*mendiant*) ein wenig Geld

2 Souligne les groupes au datif dans les phrases suivantes :

1. Er kauft seiner Freundin einen Kuchen.
2. Ich bringe meinem Vater ein Medikament.
3. Du schenkst deinem Freund Bonbons.
4. Sie gibt der Katze Milch.
5. Sie zeigen ihren Freunden das Bild.

Corrigés des exercices page 144

13 LE GENRE DES NOMS

JE RETIENS

Il y a 3 genres en allemand : le masculin, le féminin et le neutre.
Le genre est important, on peut le mémoriser par le biais de l'article défini qui accompagne le substantif : ***der, die*** ou ***das***. Il n'y a pas de stricte correspondance entre le genre en français et le genre en allemand.

▌ On peut reconnaître le **genre** des noms selon leurs **terminaisons** :
• **masculins** les noms en : ***-er, -ler, -ig, -ich, -ling*** : *der Lehrer, der Tischler, der König, der Rettich, der Neuling...*
Ceux à suffixes étrangers : ***-ant, -är, -eur, -ent, -ier, -iker, -ismus, -ist, -or*** : *der Praktikant, der Millionär, der Ingenieur, der Musiker, der Journalist, der Föderalismus...* (Voir les masculins faibles dans «le pluriel des noms», page 37).
• **féminins** les noms terminés en : ***-e, -ei, -in, -heit, -keit, -schaft, -ung*** : *die Brauerei, die Lehrerin, die Schönheit, die Herrlichkeit, die Wirtschaft, die Wirkung...*
Ceux à suffixes étrangers : ***-ade, -age, -anz, -ie, -ion, -tät...*** : *die Arkade, die Spionage, die Toleranz, die Grazie, die Nation, die Pubertät...*
• **neutres** les noms terminés en : ***-chen, -lein*** (diminutifs), ***-tel, -tum*** : *das Mädchen, das Fräulein, das Zehntel, das Judentum.* Deux exceptions : *der Irrtum, der Reichtum.*
Ceux à suffixes étrangers : ***-o, -in, -ment, -um*** : *das Tempo, das Koffein, das Abonnement, das Album...*

▌ Les noms des **jours**, des **mois**, des **saisons**, des **points cardinaux** sont **masculins** : *der Montag, der Februar, der Herbst, der Norden...*
Les noms des **couleurs**, des **lettres**, des **langues**, des **métaux** sont **neutres** : *das Blau, das M, das Deutsch, das Eisen...* Une exception : *der Stahl* (l'acier).

▌ **Les noms composés** prennent **l'article** du **déterminé** (le dernier terme) : *die Schule* (l'école), *das Buch* (le livre) = *das Schulbuch* (le livre de classe).
Le pluriel d'un mot composé est toujours celui du dernier terme, le déterminé : *die Schul**bücher**.*

1. Le pluriel de *die Haustür* est *die Haustüren*.   ☐   ☐

2. Quel est le genre de *Bärchen, Hündlein* et de *Gläschen*? Comment traduit-on ces mots?

1. vrai. – 2. Ce sont des neutres qui signifient : ourson, chiot, petit verre.

JE M'ENTRAÎNE

1 **Quel est l'article défini des noms suivants?**

	der	das	die
1. Neuling	☐	☐	☐
2. Wirkung	☐	☐	☐
3. Tempo	☐	☐	☐
4. Mädchen	☐	☐	☐
5. Lehrer	☐	☐	☐
6. Universität	☐	☐	☐
7. Fotograf	☐	☐	☐

2 **Désigne l'article défini des noms suivants :**

Jahr - Gabel - Löffel - Messer - Glas - Lied- Monat - Wagen - Instrument - Apparat- Schönheit - Irrtum - Arbeit - Kino - Museum - Informatik - Bahn - Berg - See - Meer - Land - Norden - Weg - Herbst - Information - Zeitung - Blatt - Sport - Haustür - Foto.

3 **Désigne l'article des noms composés suivants :**

Arbeitsbuch - Bücherschrank - Zeitungsartikel - Straßenseite - Tanzabend - Biologielektion - Hausarbeit - Hausmann - Kindermädchen - Sportschuh.

Corrigés des exercices page 144

14 LE PLURIEL DES NOMS MASCULINS, LES MASCULINS FAIBLES

JE RETIENS

Les marques du pluriel pour les masculins sont : *-e, -¨+ -e, -¨+-er, -er, -en, -s,* ou encore un **pluriel indentique au singulier.**

▌ En effet, les noms masculins terminés en ***er, el, en,*** ne prennent **pas de marque au pluriel :** *der Wagen = die Wagen, der Lehrer = die Lehrer, der Esel = die Esel.*
Il y a quelques exceptions à cette règle : *der Vogel = die **Vögel**, der Laden = die **Läden**, der Bruder = die **Brüder**.*

▌ ***-e :*** *der Hund = die Hunde, der Monat = die Monate.*

▌ ***¨+e :*** *der Ball = die Bälle, der Gast = die Gäste, der Zug = die Züge.*

▌ ***¨+ er :*** *der Wald = die Wälder, der Mann = die Männer.*

▌ ***-er :*** *der Geist = die Geister.*

▌ ***-en :*** c'est, en général, la marque des **masculins faibles.** Ils prennent ***n* à tous les cas du singulier et du pluriel**, sauf au nominatif singulier. Ils concernent :
– **des êtres animés :** *der **Junge** = die Jungen, der Mensch = die Menschen* ;
– **des métiers d'origine étrangère :** *der Student = die Studenten, der Journalist = die Journalisten* ;
– **des astres :** *der Planet = die Planeten.* **Attention** *: der Herr = die Herren.*
Toutefois, certains masculins ont un pluriel en *en* et ne sont pas faibles : *der Schmerz = die Schmerzen, der See = die Seen.* Ils ne sont pas animés.

▌ Il existe également des noms masculins qui prennent ***en* aux mêmes cas que les masculins faibles mais qui, **en plus**, prennent *s* au génitif masculin : *der Gedanke, den Gedanken, dem Gedanken, des Gedankens* (la pensée).

▌ ***-s :*** *der Chef = die Chefs, der Park = die Parks.*

Attention : certains noms se terminant en *-**mann*** au singulier font leur pluriel en *-**leute**.* Ex. : *der Seemann* (le marin) = *die Seeleute* (les marins).

1. Un masculin faible prend *en* à tous les cas, excepté au nominatif singulier.

☐ ☐

2. Les noms masculins présentent **six** possiblités de pluriels différents.

☐ ☐

1. vrai. – 2. vrai.

JE M'ENTRAÎNE

1 Quel est le bon pluriel ?

1. der Strand	a) die Stranden	b) die Strände
2. der Herr	a) die Herrn	b) die Herren
3. der Chef	a) die Chefs	b) die Chefe
4. der Krieg	a) die Kriegen	b) die Kriege
5. der Maurer	a) die Maurer	b) die Maurern
6. der Passagier	a) die Passagieren	b) die Passagiere
7. der Apparat	a) die Apparäte	b) die Apparate
8. der Ball	a) die Ballen	b) die Bälle
9. der Ingenieur	a) die Ingenieurs	b) die Ingenieure
10. der Student	a) die Studenten	b) die Students

2 Quel est le singulier de ces noms masculins au pluriel ?

– Minister	– Monate
– Geister	– Löffel
– Tische	– Politiker
– Artisten	– Handballspieler

Corrigés des exercices page 144

15 LE PLURIEL DES NOMS FÉMININS ET NEUTRES

JE RETIENS

Les marques du pluriel des noms féminins et neutres sont moins nombreuses que celles des noms masculins.

■ **Pour les féminins** : *¨+-e, -e, -n* ou *-en, +¨, -s.*

• *¨+-e* : souvent des monosyllabiques : *die Hand = die Hände.*

• *-e* : pour les noms terminés en *nis* : *die Erlaubnis = die Erlaubnisse.*

Attention : *das Erlebnis* (l'expérience) est un nom neutre !

• *-n* ou *-en* : *die Schwester = die Schwestern, die Lampe = die Lampen, die Tür = die Türen.*

• *+¨* : uniquement *die Mutter = die Mütter, die Tochter = die Töchter.*

• *-s* : *die Party, die Partys* (assez rare).

■ **Pour les neutres** : *-e, -er* ou *¨er, -en, -s.*

• *-e* : *das Heft = die Hefte, das Recht = die Rechte, das Spiel = die Spiele.*

• *-er* : *das Kind = die Kinder, das Feld = die Felder.*

• *¨+-er* : *das Amt = die Ämter, das Haus = die Häuser.*

• *-en* : *das Bett = die Betten, das Herz = die Herzen.*

Attention : *das Herz* fait *Herzen* à tous les cas sauf au génitif singulier = *des Herzens.*

• *-s* : *das Büro = die Büros, das Kino = die Kinos, das Radio = die Radios.*

Comme pour les noms masculins, les noms neutres terminés en *-er, -el*, et *-en* sont invariables au pluriel ainsi que les diminutifs en *-chen* et *-lein* : *das Fenster = die Fenster, das Bündel = die Bündel, das Mädchen = die Mädchen, das Kätzlein = die Kätzlein.*

■ **Particularités** :

• un seul mot neutre prend une simple inflexion : *das Kloster = die Klöster* (le monastère) ;

• un seul mot neutre prend *¨+e* : *das Floß = die Flöße* (le radeau).

Les mots neutres en *nis* ont un pluriel en *nisse* : *das Erlebnis = die Erlebnisse.*

vrai   faux

1. Seuls les masculins en **-er, -el, -en,** sont invariables au pluriel. ☐ ☐

2. Les noms féminins et neutres ont chacun cinq formes caractéristiques de pluriel. ☐ ☐

1. faux. (Également les noms neutres en -er, -el, -en.). – 2. vrai.

JE M'ENTRAÎNE

1 Quel est le bon pluriel ?

1. die Schuld   a) die Schülde   b) die Schulden
2. das Meer   a) die Meers   b) die Meere
3. das Loch   a) die Lochen   b) die Löcher
4. die Maus   a) die Mäuse   b) die Mausen
5. das Hemd   a) die Hemde   b) die Hemden
6. die Arbeit   a) die Arbeiten   b) die Arbeiter
7. das Argument   a) die Argumente   b) die Argumenten
8. die Gefahr   a) die Gefahren   b) die Gefähren
9. das Kloster   a) die Klöster   b) die Klostern
10. die Zeitung   a) die Zeitungs   b) die Zeitungen

2 Classe les mots suivants en quatre colonnes :

	Masculin	Féminin	Neutre	Pluriel
– Seeleute				
– Vogel				
– Tisch				
– Jungen				
– Katzen				
– Monate				

Corrigés des exercices page 144

16 LE MARQUAGE DU GROUPE NOMINAL (1)

JE RETIENS

▌ Contrairement à l'**adjectif attribut** toujours **invariable** *(Dieser Pulli ist schwarz / Diese Pullis sind schwarz)*, l'**adjectif épithète** a toujours **une marque** et se place devant le nom qu'il qualifie.

▌ **La fonction du groupe nominal** ainsi que **le déterminatif** (article, adjectif démonstratif, interrogatif, possessif, indéfini...) qui le précède, influent sur son marquage.

▌ Si la marque apparaît au déterminatif, l'adjectif ne porte alors qu'une marque formelle : *e* ou *en*.
Ex. : *Ich trinke gern ein gutes Bier. Ich trinke gern dieses gute Bier.*

DÉTERMINATIF + ADJECTIF + NOM

	Masculin sing.	Féminin sing.	Neutre sing.	Pluriel
N.	*der neue Wagen*	*die neue Maschine*	*das neue Fahrrad*	*die neuen Fahrräder*
	ein neuer Wagen	*eine neue Maschine*	*ein neues Fahrrad*	
A.	*den neuen Wagen*	*die neue Maschine*	*das neue Fahrrad*	*die neuen Fahrräder*
	einen neuen Wagen	*eine neue Maschine*	*ein neues Fahrrad*	
D.	*dem neuen Wagen*	*der neuen Maschine*	*dem neuen Fahrrad*	*den neuen Fahrrädern*
	einem neuen Wagen	*einer neuenMaschine*	*einem neuen Fahrrad*	
G.	*des neuen Wagens*	*der neuen Maschine*	*des neuen Fahrrads*	*der neuen Fahrräder*
	eines neuen Wagens	*einer neuen Maschine*	*eines neuen Fahrrads*	

▌ **Modèle de l'article défini** (le, la, les - *der, das, die*) :
– *dieser* (ce ... ci), *jeder* (chaque), *welcher* (quel) ;
– *alle* (tous les), *keine* au pluriel (pas de) et les adjectifs possessifs pluriels (*meine, deine*, etc.).

▌ **Modèle de l'article indéfini :**
– *kein* au singulier (pas un, pas de, aucun) ;
– les adjectifs possessifs singuliers (*mein, dein*, etc.).

JE VÉRIFIE

Entoure la bonne réponse :

1. *Ich will dieses schwarz… Blouson kaufen.*   schwarzes   schwarze

2. *Du bist ein nett…. Junge.*   netter   netten

1. *Schwarze.* (Le déterminatif porte la marque). – 2. *Netter.* (L'adjectif porte la marque).

JE M'ENTRAÎNE

1 Complète les phrases suivantes:

1. Ich habe deine neu…. Bluse gewaschen.
2. Er reist immer mit seinen alt…. Koffern.
3. Sie kauft keine grün…. Äpfel.
4. Das Brandenburger Tor ist ein beliebt…. Symbol der Deutsch…. Einheit.
5. Die deutsch….. Landschaften sind sehr vielfältig *(variés)*.
6. Der deutsch… Teil der Alpen umfasst nur einen schmal…. Teil dieses Gebirges.
7. Die wichtigst….. Inseln in der Nordsee sind die Ostfriesisch….. Inseln.
8. Fast jed…. dritt….. Einwohner der Bundesrepublik wohnt in einer Großstadt.
9. Etwa jed…. zehnt…. Buch, das weltweit erscheint, ist in deutscher Sprache geschrieben.
10. Deutschland ist ein ausländerfreundlich….. Land.

2 Traduis :

1. Tous les vieux musées de cette ville m'intéressent.
2. J'ai écrit une très longue lettre à ma meilleure amie.
3. J'ai oublié votre nouvelle adresse, Madame Müller.
4. *L'Ange bleu* est un film très célèbre avec Marlene Dietrich.

Corrigés des exercices page 145

17 LE MARQUAGE DU GROUPE NOMINAL (2)

JE RETIENS

▮ **L'adjectif qui n'est précédé d'aucun déterminatif** (ce qui correspond à l'article partitif *du, de, la, des...*) prend les marques qu'aurait l'article défini s'il était présent, **sauf** aux génitifs singuliers masculin et neutre où il prend *-en*, le *-s* ajouté au nom suffisant à indiquer qu'il s'agit d'un génitif.

Ex. : *neuer Wein* (du vin nouveau), *gute Wurst* (de la bonne saucisse), *dunkles Bier* (de la bière brune), *rote Äpfel* (des pommes rouges).

ADJECTIF + NOM

	Masculin sing.	Féminin sing.	Neutre sing.	Pluriel
N.	*neuer Wein*	*gute Wurst*	*dunkles Bier*	*rote Äpfel*
A.	*neuen Wein*	*gute Wurst*	*dunkles Bier*	*rote Äpfel*
D.	*neuem Wein*	*guter Wurst*	*dunklem Bier*	*roten Äpfeln*
G.	*neuen Weins*	*guter Wurst*	*dunklen Biers*	*roter Äpfel*

▮ Les adjectifs indéfinis **einige** (quelques), **manche** (certains), **mehrere** (plusieurs), **viele** (beaucoup de) et **wenige** (peu de) sont traités comme des adjectifs épithètes et suivent ce modèle.

Ex. : *Berlin ist eine Hauptstadt mit bewegter Vergangenheit.*
Berlin est une capitale au passé agité.
Berlin ist zur Zeit Deutschlands größte Baustelle.
Berlin est actuellement le plus grand chantier d'Allemagne.

JE VÉRIFIE

1. *Er reist immer mit viel..... Koffern.*   -er?   -en?

2. *Ich habe einig.... gut.... Freunde im Café getroffen.* -en?   -e?

1. *Mit vielen Koffern* (*mit* + datif). – 2. *Einige gute Freunde* (accusatif pluriel).

1 Où est la bonne traduction ?

1. Il vole de ses propres ailes.
2. Il fait contre mauvaise fortune bon cœur.
3. Il lui laisse le champ libre.
4. Ils n'y vont pas par quatre chemins.
5. Il enfonce des portes ouvertes.
6. Il fait des comptes d'apothicaire.
7. C'est un jeu de dupes.
8. C'est du réchauffé.
9. Bonne renommée vaut mieux que l'or.
10. Ils tirent à eux la couverture.
11. Il m'a accueilli à bras ouverts.

A. Es ist ja alter Kaffee.
B. Guter Ruf geht über Reichtum.
C. Er hat mich mit offenen Armen aufgenommen.
D. Er macht gute Miene zum bösen Spiel.
E. Sie schmücken sich mit fremden Federn.
F. Sie machen kurzen Prozess.
G. Er lässt ihm / ihr freie Hand.
H. Er rennt offene Türen ein.
I. Er steht auf eigenen Beinen.
J. Das ist doch alles nur fauler Zauber.
K. Er macht sehr komplizierte Rechnungen.

2 Analyse les groupes nominaux suivants :

Ex. : *alter Wein* : nominatif masculin singulier.

1. kalter Kaffee :
2. guter Ruf :
3. mit offenen Armen :
4. gute Miene :
5. mit fremden Federn :
6. kurzen ¨Prozess.
7. freie Hand :
8. offene Türen :
9. auf eigenen Beinen :
10. fauler Zauber :
11. komplizierte Rechnungen :

Corrigés des exercices page 145

18 LES COMPARATIFS

JE RETIENS

Les trois degrés de comparaison se forment de la façon suivante.

■ Comparatif d'égalité : *so* + adjectif ou adverbe + *wie*.

Ex. : *Sie ist **so** musikbegabt **wie** er.*
Elle est aussi douée pour la musique que lui.
*Dein Wagen fährt **so** schnell **wie** meiner.*
Ta voiture va aussi vite que la mienne.

■ Comparatif d'infériorité : *nicht so* + adjectif ou adverbe + *wie*.

Ex. : *Sie ist **nicht so** musikbegabt **wie** er.*
Elle est moins (pas aussi) douée musicalement que lui.

■ Comparatif de supériorité : adjectif ou adverbe + *er* + *als*.
Ex. : *Paul ist mutig**er** **als** ich.*
Paul est plus courageux que moi.

Attention : il existe des comparatifs irréguliers :
– *gern* (volontiers) → *lieber*
– *gut/wohl* (bon, bien) → *besser*
– *hoch* (haut) → *höher*
– *viel* (beaucoup) → *mehr*.

■ Certains monosyllabiques prennent obligatoirement une inflexion (sur a, o, u) au comparatif de supériorité et au superlatif :
alt (âgé), *dumm* (bête), *jung* (jeune), *hart* (dur), *hoch* (haut), *kalt* (froid), *klug* (intelligent), *krank* (malade), *kurz* (court), *lang* (long), *schwarz* (noir), *stark* (fort), *warm* (chaud) et l'adverbe *oft* (souvent).

Ex. : *Mein Kleid ist teur**er** **als** dein Rock.*
Ma robe est plus chère que ta jupe.

Remarque : *teuer* perd un **e** dès qu'il prend une marque.
Ces monosyllabiques vont souvent par paire antinomique :

1. *Er arbeitet .... als ich.* besser? güter?

2. *Im April ist es nicht so .... wie im Juli.* wärmer? warm?

1. *Besser.* – 2. *Warm.*

JE M'ENTRAÎNE

1 Compare les deux éléments proposés :

1. schnell fahren : ein Wagen / ein Fahrrad.
2. gut schmecken : Eis / Aspirin.
3. lange dauern : ein Flug nach Berlin / ein Flug nach Nizza *(Nice).*
4. gern gehen : ins Kino / zum Zahnarzt.
5. billig sein : ein Buch / ein Fernseher.
6. hoch sein : der Eiffelturm / das Brandenburger Tor.
7. gut essen : im Restaurant / in der Kantine.
8. warm sein : im Juli / im Dezember.

2 Inverse les éléments comparés :

Ex. : Ein Fahrrad fährt nicht so schnell wie ein Wagen. **À ton tour !**

3 Comment dirais-tu en allemand ?

1. Vas-tu plus souvent à la piscine qu'au cinéma ?
2. Elle travaille mieux que son frère.
3. Il y a autant de préjugés *(Vorurteile)* en Allemagne qu'en France.
4. Boris Becker est plus connu *(bekannt)* que Michael Stich.
5. Sabine chante moins bien que Paula.
6. Peter est aussi âgé que Jürgen.
7. Il préfère le thé au café.
8. Je cours aussi vite que lui.

Corrigés des exercices page 145

19 LES SUPERLATIFS

JE RETIENS

Le superlatif s'emploie lorsque l'on compare plus de deux éléments.

■ **Le superlatif de l'adjectif épithète :** épithète + *-st* + la marque de déclinaison.

Ex. : *Sabine ist die schnellste Schwimmerin der ganzen Schule.* (génitif)
    Sabine est la nageuse la plus rapide de toute l'école.

■ **Le superlatif de l'adjectif attribut ou de l'adverbe :** *am* + adjectif ou adverbe + *sten*.

Ex. : *Von uns allen läuft Peter am schnellsten.*
    De nous tous, c'est Peter qui court le plus vite.

Attention : comme au comparatif de supériorité, certains monosyllabiques prennent obligatoirement une **inflexion** (sur *a, o, u*) au superlatif : *alt* (vieux), *arm* (pauvre), *dumm* (bête), *groß* (grand), *hart* (dur), *jung* (jeune), *hoch* (haut), *kalt* (froid), *klug* (intelligent), *krank* (malade), *kurz* (court), *lang* (long), *nah* (proche), *schwach* (faible), *schwarz* (noir), *stark* (fort), *warm* (chaud).

■ **Irrégularités :**

  – *gern → der liebste / am liebsten*   – *oft → der häufigste / am häufigsten*
  – *gut → der beste / am besten*   – *viel → die meisten / am meisten.*
  – *nah → der nächste / am nächsten*

Ex. : *Die meisten Schüler träumen von den Sommerferien.*
    La plupart des élèves rêvent des grandes vacances.
    Der beste Schüler unserer Klasse heißt Paul.
    Le meilleur élève de notre classe s'appelle Paul.

JE VÉRIFIE

1. Wer arbeitet hier ....?   der beste?   am besten?
2. Ich trinke Tee ....   am liebsten?   der liebste?

1. Am besten. – 2. Am liebsten.

1 Traduis :

1. C'est l'élève le plus paresseux de notre classe.

2. C'est le meilleur livre que j'aie jamais lu.
3. Les plus belles villas donnent sur la mer.
4. Qui a le mieux travaillé ?
5. La lande de Lüneburg est le plus vieux parc naturel d'Allemagne.
6. Berlin est actuellement le plus grand chantier d'Europe. (le chantier = *die Baustelle*)
7. C'est pendant l'été qu'il se sent le mieux.

2 Où est la bonne traduction ?

1. Wer zuletzt lacht, lacht am besten.

2. Er erledigt zuerst das Wichtigste.

3. Er ist das beste Pferd im Stall.
4. Die Polizei ist in höchster Alarmbereitschaft.
5. Das geht beim besten Willen zu.
6. Er ist in der peinlichsten Verlegenheit.
7. Beschränkte Leute sind meistens die größten Prinzipienreiter.

A. Même avec la meilleure volonté du monde, ça dépasse les bornes.

B. Les gens bornés sont la plupart du temps les plus à cheval sur les principes.

C. Rira bien qui rira le dernier.

D. Il pare au plus pressé.

E. Il est le meilleur collaborateur.

F. La police est sur les dents.

G. Il ne sait plus sur quel pied danser.

Corrigés des exercices page 145

20 LES PRONOMS PERSONNELS

Le pronom personnel remplace un groupe nominal.

Ex. : *Siehst du **den Hund** dort?* Vois-tu le chien là-bas ? *Siehst du **ihn** dort?*

Attention : le pronom personnel à l'accusatif **précède** le pronom personnel au datif. Ex. : *Ich zeige Sabine meine Briefmarken.* Je montre mes timbres à Sabine. *Ich zeige sie ihr.* Je les lui montre.

	Singulier			Pluriel		
	1re pers.	2e pers.	3e pers.	1re pers.	2e pers.	3e pers.
N.	*ich*	*du*	*er, sie, es*	*wir*	*ihr*	*sie, Sie*
A.	*mich*	*dich*	*ihn, sie, es*	*uns*	*euch*	*sie, Sie*
D.	*mir*	*dir*	*ihm, ihr, ihm*	*uns*	*euch*	*ihnen, Ihnen*

Remarques :

▌ À la troisième personne, les terminaisons sont **identiques** à celles de l'article défini.

Ex. : *Der Junge hilft seiner Schwester.* Le garçon aide sa sœur. *Er hilft ihr.*
  Die Lehrerin gibt den Kindern Bonbons. L'enseignante donne des bonbons aux enfants. *Sie gibt ihnen Bonbons.*

▌ La **forme de politesse** utilise la troisième personne du pluriel.

Ex. : *Frau Müller, **Sie** vergessen Ihre Blumen auf dem Tisch!*
  Madame Müller, vous oubliez vos fleurs sur la table.

▌ Le pronom réfléchi " se " se traduit par ***sich*** aussi bien à l'accusatif qu'au datif.

Ex. : *Er wäscht **sich** die Haare.* Il se lave les cheveux. (datif)
  *Er wäscht **sich** im Badezimmer.* Il se lave dans la salle de bain. (accusatif)

JE VÉRIFIE

1. *Ich wasche .... die Haare.*   *mich?*   *mir?*

2. *Er will .... diesen Film ansehen.*   *sich?*   *ihn?*

1. Mir. – 2. Sich.

JE M'ENTRAÎNE

1 Complète :

1. Ich suche meine Brille. Siehst du ......? Vielleicht habe ich .... im Büro vergessen.
2. Der Hund meiner Nachbarn bellt den ganzen Tag. Hörst du ....? Sie sollten .... ausführen.
3. Brauchst du dieses Buch? Ich leihe .... dir.
4. Diese CD ist sehr teuer. Glaubst du, daß deine Großmutter .... schenkt?
5. Frankreich hat 1998 die Fußball-Weltmeisterschaft gewonnen. Der Nationaltrainer war Aimé Jacquet. Kennst du ....? Das Team verdankt .... seinen größten Triumph.

2 Remplace les éléments en italique par un pronom personnel.

1. Ich schenke *meinen Großeltern* Blumen.
2. Hörst du *die Kinder* im Garten?
3. 1962 flog *John Glenn* das erste Mal ins All.
4. Spielberg hat " Der Soldat Ryan " für *die Veteranen* gedreht.
5. Mein Bruder spielt mit *den Kindern der Nachbarn.*
6. Willst du *den Hut* kaufen?
7. Ich zeige *der Lehrerin meine Briefmarkensammlung.*
8. Ich danke *den Freunden* für ihre Hilfe.

Corrigés des exercices page 146

21 LES PRONOMS RELATIFS – LA SUBORDONNÉE RELATIVE

JE RETIENS

■ Le **genre** (masculin, féminin ou neutre) et le **nombre** (singulier ou pluriel) du pronom relatif sont donnés par l'**antécédent**.

■ Son **cas** est celui de la **fonction** qu'il occupe à l'intérieur de la proposition relative. Ex. : *Der Junge,* **den** *du dort siehst, ist mein Bruder* (*den* : COD). Le garçon que tu vois là-bas, est mon frère.
• L'antécédent *der Junge* indique que le pronom relatif est masculin singulier.
• La fonction du pronom relatif à l'intérieur de la subordonnée relative est un accusatif.

■ Les **désinences** du pronom relatif au nominatif, à l'accusatif et au datif sont celles de l'**article défini sauf au datif pluriel**.

	Masculin	Féminin	Neutre	Pluriel
N.	*der*	*die*	*das*	*die*
A.	*den*	*die*	*das*	*die*
D.	*dem*	*der*	*dem*	***denen***

Remarque : le pronom relatif « dont » se traduit au **génitif** par :
– *dessen* si l'antécédent est masculin ou neutre singulier ;
– *deren* si l'antécédent est pluriel ou féminin singulier.
Dessen et *deren* sont **invariables** et ne sont **jamais suivis d'un déterminatif**. Ex. : *Das Haus, dessen rotes Dach in der Sonne* **glänzt**, *gehört meinem Onkel.* La maison dont le toit rouge brille au soleil, appartient à mon oncle.
Le verbe dans une proposition subordonnée est en dernière position !

JE VÉRIFIE

1. *Der Mann, … du auf dem Hof siehst, ist mein Deutschlehrer.*   dem? den?
2. *Die Kinder,… ich Geschichten vorlese, können noch nicht lesen.* denen? deren?

1. Den. – 2. Denen.

1 Complète :

1. Jeder zweite Deutsche spricht gern den Dialekt der Gegend *(la région)*, in ...... er lebt.
2. Tschernobyl ist der größte Unfall, ... wir uns vorstellen können.
3. Der Hund, ... Leine gerissen ist, läuft seinem Herrn davon.
4. Das Kind, ... im Supermarkt heulte, hatte sich verlaufen.
5. Der Zug, auf ...... wir warteten, hatte eine Stunde Verspätung.
6. Die Freunde, mit .... ich ins Kino gehe, sind immer pünktlich.
7. Der Direktor, ... diese Firma gehört, geht in den Ruhestand *(prend sa retraite)*.
8. Siehst du die Zeitung, ... ich heute morgen gekauft habe?
9. Die Eltern machen sich Sorgen um ihren Sohn, ... Zeugnis katastrophal ist.
10. Der Hut, ... du mir gezeigt hast, ist zu teuer.
11. Die Schülerin, ... ich bei den Schulaufgaben helfe, ist 14 Jahre alt.

2 Traduis :

1. Peux-tu me rendre le livre que je t'ai prêté ?
2. La jupe que tu essaies, est trop longue.

3. Je connais les gens avec lesquels tu travailles.
4. Il joue avec le jeu vidéo que tu lui as offert.
5. L'Expo 2000 qui a lieu à Hanovre est une exposition universelle.
6. Paul Klee, dont j'admire les œuvres, est connu dans le monde entier.

Corrigés des exercices page 146

22 LES PRÉPOSITIONS SUIVIES DE L'ACCUSATIF, DU DATIF ET DU GÉNITIF

JE RETIENS

■ Les prépositions suivies de l'accusatif sont :
durch (à travers), *entlang* précédé d'un substantif à l'accusatif (le long de), *für* (pour), *gegen* (contre, vers + notion de temps), *ohne* (sans), *um* (autour de, à + heure).
Ex. : *Er läuft durch **den** Park.* Il traverse le parc en courant.
  *Bist du für **mich** und gegen **ihn?*** Es-tu pour moi et contre lui ?
  *Er ist ohne **seine** Arbeit gekommen.* Il est arrivé sans son travail.

■ Les prépositions suivies du datif sont :
aus (hors de), *bei* (près de, chez quelqu'un quand on y est), *mit* (avec), *nach* (vers, à + ville ou pays sans article ou *nach Hause* = à la maison quand on y va), *seit* (depuis), *von* (de la part de), *zu* (chez quelqu'un quand on y va et *zu Hause* = à la maison, quand on y est).
Ex. : *Er kommt aus **der** Provinz.* Il vient de la province.
  *Bei **wem** wohnst du hier?* Chez qui habites-tu ici ?
  *Seit **einer** Woche regnet es.* Il pleut depuis une semaine.
  *Ich kann ohne **ihn** nicht arbeiten.* Je ne peux pas travailler sans lui.

■ Les prépositions suivies du génitif les plus employées sont :
(an)statt (au lieu de), *trotz* (malgré), *während* (pendant), *wegen* (à cause de). Ex. : *Statt **eines** Apfels hat er eine Birne genommen.* À la place d'une pomme il a pris une poire. *Er ist trotz **des schlechten Wetters** spazierengegangen.* Il est sorti se promener malgré le mauvais temps. ***Wegen ihrer kranken Mutter** kann sie nicht ausgehen.* Elle ne peut pas sortir à cause de sa mère malade.

JE VÉRIFIE

                                                                    vrai   faux

1. La préposition *zu* exprime à la fois le fait d'être chez soi, comme dans *zu Hause* et le fait d'aller chez quelqu'un.   ☐   ☐
2. *Ich fahre … Berlin.   Zu* ou *nach?*

1. vrai. – 2. *Nach.*

---

1 Comment dirais-tu en allemand ?

1. Nous roulons à travers le tunnel.
2. Peux-tu voir sans lunettes ?
3. J'achète ces fleurs pour ma mère.
4. La voiture entre dans un arbre.
5. Y a-t-il du courrier pour moi ?
6. Elle cherche un cadeau pour son père.
7. Restes-tu chez nous pour la soirée ?
8. Ils parlent des vacances.
9. Il va chez des amis.
10. Vas-tu avec eux à Paris ?
11. Pendant son travail il fait deux pauses.
12. Ils achètent l'ordinateur malgré son prix.
13. Que veux-tu à la place de la limonade ?
14. Depuis un mois il vit à Munich.
15. Nous travaillons à la Banque centrale.

2 Complète par la bonne préposition :
trotz - mit - ohne - bei - nach - für - aus - seit - zu - wegen.

1. Kannst du... mir ins Kino gehen?
2. ... Frankreich braucht man kein Visum.
3. Ich kann nicht... Geld bezahlen.
4. Mac Intosh kommt... Schottland *(Écosse).*
5. Er wohnt nicht mehr... seinen Eltern.
6. Fährst du jetzt... deiner Schwester?
7. ... einer Stunde warte ich hier.
8. Er spielt gern Fußball... der Schule.
9. Wir müssen... des Schnees langsam fahren.
10. Sie wollen... des Preises eine Konzertkarte kaufen.

Corrigés des exercices page 146

23 LES PRÉPOSITIONS MIXTES

JE RETIENS

❚ Les prépositions mixtes sont **suivies de l'accusatif ou du datif, en fonction de l'intention qui est exprimée par le verbe.** On dénombre **neuf prépositions mixtes** : *an, auf, hinter, in, neben, über, unter, vor, zwischen.*

❚ **Elles sont suivies :**
– de l'**accusatif** quand le complément est **directionnel.** Ex. : *er setzt sich auf die Bank.* Il s'asseoit sur le banc.
– du **datif** quand le complément est de type **locatif.** Ex. : *er sitzt auf der Bank.* Il est assis sur le banc.

• *An* (à, au) : *Geh an die Tür und öffne sie!* Va à la porte et ouvre-la !
　　　　Er steht an der Tür. Il se tient à la porte.

• *Auf* (sur, dans + une institution comme la poste, ou un lieu découvert tel une rue) : *Auf dieser Insel lebt es sich gut.* Il fait bon vivre dans cette île. *Sie geht jeden Mittwoch auf den Markt.* Elle va au marché tous les mercredis. *Das Buch liegt auf dem Tisch.* Le livre est sur la table.

• *Hinter* (derrière) : *Hinter dem Haus steht eine Linde.* Il y a un tilleul derrière la maison.

• *In* (dans) : *Sie fährt langsam in die Garage hinein.* Elle rentre lentement dans le garage. *In der Garage stehen viele Autos.* Il y a beaucoup de voitures dans le garage.

• *Neben* (à côté de) : *Ich will nicht neben dem Fahrer sitzen.* Il ne veut pas être assis près du conducteur. *Er setzt sich neben das Fenster.* Il s'asseoit près de la fenêtre.

• *Vor* (devant) : *Vor dem Haus haben sie einen kleinen Garten.* Ils ont un petit jardin devant la maison.

• *Über* (au-dessus de) : *Häng dieses Bild über den kleinen Schrank!* Accroche ce tableau au-dessus de la petite armoire !

• *Unter* (au-dessous de) : *Unter dem Haus haben wir einen Keller.* Sous la maison nous avons une cave.

• *Zwischen* (entre) : *Die Katze legt sich zwischen das Kissen und die Decke.* Le chat se couche entre le coussin et la couverture.

JE VÉRIFIE

1. *Er fährt nächste Woche ...... Schweiz.*	*in die?*	*in der?*
2. *Das Kind spielt ...... Garten.*	*in den?*	*in dem (im)?*
3. *Sie sitzen ...... Bank.*	*auf der?*	*auf die?*

1. In die. – 2. Im (in dem). – 3. Auf der.

JE M'ENTRAÎNE

1 Comment doit-on traduire les phrases suivantes ?

1. Nous allons souvent au cinéma.
2. Mon père travaille dans le jardin.
3. Vont-ils à la poste ?
4. À l'école les élèves apprennent l'allemand.
5. Dimanche nous allons à la mer.
6. Berlin se trouve sur les bords de la Spree.
7. Saute dans l'eau !
8. Elle travaille à l'Hôtel de ville.
9. Je cours au téléphone.
10. Ne joue pas dans la rue !

2 Peux-tu traduire aussi ?

1. Er fährt sehr gern aufs Land.
2. Sie sitzt vor dem Fernseher.
3. Ich möchte meine Ferien auf Korsika verbringen.
4. Ein Bild hängt über dem Sofa.
5. Mutti will nicht mehr in der Küche arbeiten.
6. Setz dich neben mich.
7. Warum bleibst du neben der Tür?
8. Du findest die Zeitung auf dem Stuhl.
9. Sie spielen hinter dem Haus.
10. Leg dein Glas auf den Tisch!

Corrigés des exercices page 146

24 LES COMPLÉMENTS ET ADVERBES DE TEMPS : *HEUTE, MORGEN, BALD, ERSTENS, DANN, ZULETZT*

JE RETIENS

▌ Les compléments de temps sont introduits par : *im, am, um.*

• *Im* s'emploie avec **les mois, les saisons, les années, les époques.**

Im Dezember feiert man den Nikolaus. En décembre on fête la Saint-Nicolas.

Im Sommer sind die Tage am längsten. C'est en été que les jours sont les plus longs.

Attention :

-nächst et *letzt* s'emploient à l'accusatif sans complément : *nächste Woche, letztes Jahr, nächsten Dienstag.* La semaine prochaine, l'année dernière, mardi prochain.

– il est incorrect d'écrire ou de dire : *im 1989* ou *in 1989* : **Im Jahre** *1989 ist die Berliner Mauer gefallen.* Le mur de Berlin est tombé en 1989.

• *Am* s'emploie pour **les jours ou les parties du jour.**

Er arbeitet immer sehr spät am Mittwoch. Il travaille toujours tard le mercredi.

Am Morgen steht er früh auf und am Nachmittag hält er eine kurze Siesta. Le matin il se lève tôt et l'après-midi il fait une petite sieste.

• *Um* s'emploie pour **préciser l'heure** ou pour **donner une approximation.**

Er kommt heute abend um 21 Uhr. Il vient ce soir à 21 heures.

Attention : « vers 21 heures » se traduira par : *gegen 21 Uhr.*

▌ La forme « il y a » équivalant à une date se traduit par : « *vor* **+ datif** » : *Vor zwei Monaten hat sie einen Unfall gehabt.* Il y a deux mois elle a eu un accident.

▌ La forme « depuis » équivalant à une date que l'on a en mémoire se traduit par : « *seit* **+ datif** ». Il s'agit d'une durée.

Franz spielt **seit drei Jahren** *Klavier.* Franz joue du piano depuis trois ans.

▌ Les **adverbes de temps** occupent souvent la **place 1** de la phrase. Ne pas oublier dans ce cas **la place 2** du verbe. Les principaux adverbes de temps sont : *heute* (aujourd'hui), *morgen* (demain), *gestern* (hier), *jetzt* (maintenant), *oft* (souvent), *manchmal* (parfois), *bald* (bientôt) et ceux qui indiquent une succession d'événements chronologiques : *erstens,*

zweitens, drittens*...** (premièrement, etc.), ***zuerst (d'abord), ***dann*** (alors, ensuite), ***zuletzt*** (finalement). Il faut aussi mémoriser : ***früh*** (de bonne heure), ***spät*** (tardivement), ***sofort*** (immédiatement).

Ex. : *Morgen ist auch ein Tag.* À chaque jour suffit sa peine (demain est un jour également).

Bald feiern wir unseren Sieg. Nous allons bientôt fêter notre victoire.

Zuerst hat er gelacht, dann hat er geweint. Il a d'abord ri et ensuite il a pleuré.

Sie wollen Herrn Gummi sprechen? Augenblick! Er kommt sofort. Vous voulez parler à Monsieur Gummi? Un instant ! Il vient tout de suite.

JE VÉRIFIE

	vrai	faux
1. Im Sommer.	☐	☐
2. Um Mitternacht.	☐	☐
3. Am Nachmittag.	☐	☐
4. Um Abend.	☐	☐
5. Im Dienstag.	☐	☐

1. vrai. – 2. vrai. – 3. vrai. – 4. faux (*am*). – 5. faux (*am*)

JE M'ENTRAÎNE

Complète. (Le texte est au prétérit.)

Es war .... Januar dieses Jahres wieder sehr kalt. Schon .... frühen Morgen hatten wir immer .... 5 Uhr dicken Schnee. .... der Nacht fror es oft. .... Spätvormittag, wenn manchmal die Sonne schien, konnte man das Auto ohne Gefahr benutzen. .... 17 Uhr brach die Nacht herein und wir mussten wieder nach Hause fahren. Es war .... Winter .... 19. Dezember .... Jahre 1954.

Corrigés des exercices page 146

25 SUBORDONNÉES COMPLÉTIVES INTRODUITES PAR *DASS, OB, DA* ET *WEIL.*

JE RETIENS

■ **La subordonnée complétive introduite par *dass* (que)**

Ex. : *Er behauptet, **dass** man mit 200 D.M. einen Computer kaufen kann.*
Il affirme qu'on peut acheter un ordinateur avec 200 D.M.
On trouve souvent une complétive **sans *dass*** après les verbes *denken* (penser), *meinen* (être d'avis), *sagen* (dire), etc. Dans ce cas, on construit deux indépendantes.
Ex. : *Er sagt, sie kommt morgen zurück.* Il dit qu'elle revient demain.
(Voir place du verbe dans une proposition subordonnée, fiche n°3.)

■ **La subordonnée complétive introduite par *ob* (si)**

Ex. : *Ich möchte wissen, **ob** sie heute abend zu uns kommt.* J'aimerais savoir si elle va venir chez nous ce soir.
Attention : ne pas confondre ***ob***, introduisant une complétive et **l'interrogative indirecte**. *Er fragt mich : Kommt sie heute abend?* Discours direct interrogatif qui devient : *Er fragt mich, **ob** sie heute abend zu uns kommt.*

■ **La subordonnée causale introduite par *weil* (parce que)**

Ex. : *Sie kann nicht mehr zur Schule gehen, **weil** sie krank ist.*
Elle ne peut plus se rendre à l'école parce qu'elle est malade.

■ **La subordonnée causale introduite par *da* (comme) :** plutôt en début d'énoncé, elle indique que l'information n'est pas nouvelle.
Ex. : ***Da** sie viel Geld gewonnen haben, sind sie großzügig geworden.*
Comme ils ont gagné beaucoup d'argent, ils sont devenus généreux.

JE VÉRIFIE

	vrai	faux
1. La conjonction *ob* peut introduire une subordonnée complétive et/ou une interrogation indirecte.	☐	☐
2. Dans une subordonnée, c'est le verbe conjugué qui termine la proposition.	☐	☐

1. vrai. – 2. vrai.

1 À partir des éléments proposés, construis la subordonnée complétive avec *dass* ou *ob* selon le cas.

1. Ich weiß – wahr sein.
2. Er behauptet – der Beste sein.
3. Sie fragt mich – ins Kino gehen dürfen.
4. Wir wissen – das Examen bald kommen.
5. Sie zweifeln – da bleiben.

2 Construis la subordonnée complétive.

1. Sie sagt dass, gehen – im Sommer – sie – an – der Strand – oft.
2. Sie wissen nicht, ob abfahren – um 7 Uhr – der Zug.
3. Er erklärt uns, dass – möchte – er – nach Amerika – fliegen.

3 Remets en ordre les termes de la subordonnée causale.

1. Krank war er da, konnte er nicht kommen.
2. Den Brief da nicht er hat bekommen, ist er nicht auf die Party gekommen.
3. Die Bäume verlieren ihre Blätter, geregnet weil es zu viel hat.

4 Complète.

1. Er bleibt zu Hause, ... er für das Examen arbeiten will.
2. Es ist klar, ... nur wenige Schüler in Frankreich Deutsch lernen.
3. .... er sich keine Mühe geben will, muss er die Klasse wiederholen.

5 Traduis les phrases ci-dessus.

Corrigés des exercices page 147

26 SUBORDONNÉES INTRODUITES PAR UN PRONOM INTEROGATIF : *WER, WAS, WO, WARUM, WANN...*

JE RETIENS

▌ *Wer* (qui) se décline comme au discours direct, sur le modèle de l'article défini masculin *der* et ne s'utilise que pour des êtres vivants.

Ex. : *Ich weiß nicht, **wer** mich angerufen hat.* → **Nominatif**
Je ne sais pas qui m'a appelé.
*Ich weiß nicht, **wen** er zur Party eingeladen hat.* → **Accusatif**
Je ne sais pas qui il a invité à la soirée.
*Weißt du, **wem** ich dieses Buch geliehen habe?* → **Datif**
Sais-tu à qui j'ai prêté ce livre ?

▌ *Was* (ce qui, ce que).

Ex. : *Ich weiß nicht, **was** aus ihnen wird.*
Je ne sais pas ce qu'il adviendra d'eux.

▌ *Wo* (où **sans changement de lieu**), *wohin* (où **avec changement de lieu**), *woher* (d'où).

Ex. : *Weißt du, **wo** er wohnt?* Sais-tu où il habite ?
*Frag ihn, **wohin** er gehen will!* Demande-lui où il veut aller.
*Ich möchte wissen, **woher** er kommt.* J'aimerais savoir d'où il vient.

▌ *Welcher, welche, welches/welche* (lequel, laquelle, lesquel(le)s) se décline sur le modèle de l'article défini *der, die, das/die.*

Ex. : *Du hast all seine Tennisschläger gesehen. Weißt du, mit **welchem** er am liebsten spielt?* Tu as vu toutes ses raquettes de tennis. Sais-tu celle qu'il préfère pour jouer ?

▌ *Wann* (quand), *warum* (pourquoi), *wie* (comment).

Ex. : *Weißt du, **wann** die Expo 2000 stattfindet?*
Sais-tu quand a lieu l'Expo 2000 ?
*Ich frage mich, **warum** er so aufgeregt ist.*
Je me demande pourquoi il est aussi énervé.

Rappel : dans une proposition subordonnée, les formes verbales sont toujours en dernière position.

JE VÉRIFIE

1. *Ich frage mich, mit... er nach Basel führt.*   *wem?*   *wer?*

2. *Weißt du, ... heute zu Besuch kommt?*   *wen?*   *wer?*

1. Wenn. – 2. Wer.

JE M'ENTRAÎNE

Traduis les phrases suivantes :

1. Tu as plusieurs valises. Dis-moi laquelle tu prends demain.
2. Je me demande quand ils cesseront leurs bêtises.
3. Demande-lui où elle achète ses chaussures.
4. Sais-tu comment elle va ?
5. Je ne sais pas avec qui il part en vacances.
6. Dis-moi l'heure.
7. Raconte-moi ce que tu as fait aujourd'hui.
8. Les journalistes se demandent ce que proposera le chancelier dans sa déclaration *(die Erklärung)*.
9. Je ne sais pas d'où il tient cela.
10. Je n'ai pas la moindre idée de l'endroit où il ira passer ses vacances d'hiver.
11. Restez là où vous êtes !
12. Regarde où il va.
13. Demande-leur quand ils viennent.
14. Je ne sais pas d'où ils viennent.
15. Je voudrais savoir qui a fait cela.
16. Je me demande ce qu'il est advenu du journal-télé.
17. Je ne sais pas qui il a invité à la soirée.
18. Je voudrais comprendre pourquoi tu es collé toute la journée devant la télé.
19. Je ne comprends pas comment une telle chose est possible.
20. Ils se demandent comment on en est arrivé là.
21. Je ne sais pas depuis quand il est malade.
22. Je me demande qui cela dérange.

Corrigés des exercices page 147

27 LA PROPOSITION INFINITIVE

▮ Dans ce type de subordonnée, **le verbe à l'infinitif** est précédé de *zu*.
La principale et la subordonnée sont séparées par une **virgule**.
Ex. : *Sie hat vor, ihre Eltern bald zu besuchen.*
   Elle a l'intention de rendre bientôt visite à ses parents.

▮ Si le verbe comporte un préverbe, *zu* se place entre le préverbe et le noyau verbal.
Ex. : *Vergiss nicht, die Tür zuzumachen.* N'oublie pas de fermer la porte.

▮ Les subordonnées infinitives peuvent être introduites par :
– *anstatt... zu* + infinitif : « au lieu de » + infinitif.
– *ohne... zu* + infinitif : « sans » + infinitif. .
– *um... zu* + infinitif : « pour » + infinitif.
Ex. : *Sie döst vor sich hin, anstatt dem Lehrer zuzuhören.*
   Elle somnole au lieu d'écouter le maître.
   Er hat seinen Entschluss gefasst, ohne sie darüber zu informieren.
   Il a pris sa décision sans l'en informer.
   Er hat viel Geld gespart, um sich den Smart zu kaufen.
L'énoncé comportant la tournure *um... zu* répond à la question introduite par *wozu* (dans quel but).

▮ *Damit* (pour que) est employé lorsque la principale et la subordonnée ont deux sujets différents.
Ex. : *Ich gebe ihm Geld, damit er seine Bücher kaufen kann.*
   Je lui donne de l'argent pour qu'il puisse acheter ses livres.   .

JE VÉRIFIE

Transforme la deuxième proposition en subordonnée infinitive.

1. *Er macht Überstunden/seine Kinder können studieren.*

2. *Sie haben vor/sie studieren in München.*

1. Er macht Überstunden, damit seine Kinder studieren können. – 2. Sie haben vor, in München zu studieren.

1 Traduis :

1. Ils sont contents d'aller au cinéma.
2. Elle m'a promis de travailler davantage.
3. As-tu envie de lire ce livre ?
4. Il est fier de montrer sa nouvelle montre.
5. Il va au cinéma au lieu d'apprendre ses leçons.

2 Transforme la deuxième proposition en subordonnée infinitive :

1. Er lacht seinen Bruder aus / Er hilft ihm nicht.
2. Wir gehen nicht ins Kino / Wir sollen besser arbeiten.
3. Sabine geht in den Supermarkt / Sie will Waschpulver kaufen.
4. Er besichtigt die Ausstellung / Er kauft aber den Katalog nicht.
5. Der Lehrer führt die Schüler ins Theater / Sie sollen die neue Inszenierung sehen.

3 Associe convenablement les éléments des deux colonnes :

1. Er geht ins Café,   A. damit ich meinen Zug nicht verpasse.
2. Ich gehe auf den Markt,   B. mich nach Hause zu begleiten.
3. Wir freuen uns,   C. um Gemüse zu kaufen.
4. Wecke mich,   D. um alte Zeitungen zu kaufen.
5. Er geht auf den Flohmarkt, E. unsere Freunde wiederzusehen.
6. Ich danke dir,   F. anstatt seine Lektion zu lernen.

Corrigés des exercices page 147

28 SUBORDONNÉES TEMPORELLES INTRODUITES PAR *WENN, ALS.*

JE RETIENS

▌ L'emploi de *wenn*
• ***Wenn*** : quand, à chaque fois que. Il s'agit d'un événement répétitif.
Ex. : ***Wenn ich Einkäufe mache, verliere ich viel Zeit.***
Quand je fais des courses, je perds beaucoup de temps.
• *Wenn* peut s'utiliser également avec un prétérit pour indiquer la répétition d'un événement du passé.
Ex. : *Wir fuhren immer mit der Schnellbahn,* **wenn** *wir zur Schule gingen.*
Nous prenions toujours l'express quand nous allions à l'école.

▌ L'emploi de *als* : quand, le jour où, la fois unique où, lorsque.
Il s'agit d'un fait unique qui s'est produit dans le passé proche ou plus reculé.
Ex. : ***Als ich letzte Woche mein Zeugnis bekam, zitterte ich am ganzen Körper.***
Quand la semaine dernière j'ai reçu mon bulletin scolaire, je tremblais de tous mes membres.
En fonction du **sens** exprimé, il y a donc **deux possibilités** d'exprimer « quand » :
– si on peut remplacer « quand » par « toutes les fois que », on emploie *wenn* ;
– si on peut remplacer « quand » par « au moment où », on emploie *als*.

Remarque : *wenn* sera accompagné de *oft, immer, jedesmal* (chaque fois que...), *immer wieder, mehrmals* (à plusieurs reprises). *Als* sera accompagné de *gestern, letzte Woche, vor 3 Tagen* (il y a 3 jours) et autres expressions précisant la date.

Attention : il convient de ne pas confondre les deux conjonctions *wenn* et *als* entre elles, l'une temporelle, comme dans les exemples précédents, l'autre conditionnelle, ni de les amalgamer avec ***wann***, interrogatif direct ou indirect.
Ex. : ***Wann*** *gehen sie wieder weg? Er fragt sich,* **wann** *sie wieder weggehen.*
Quand repartent-ils ?   Il se demande quand ils repartent.

JE VÉRIFIE

	vrai	faux
1. *Als* ne s'emploie que par rapport à un événement passé.	☐	☐
2. *Wenn* ne peut jamais s'employer avec une référence au passé.	☐	☐
3. *Wann* sert principalement à poser une question interrogative.	☐	☐

JE M'ENTRAÎNE

1 *Als* ou *wenn* ?

1. .... er sie nach drei Jahren wiedersah, erkannte er sie nicht.
2. Wir machen eine Radtour, ... das Wetter sonnig ist.
3. .... der Teich *(l'étang)* zugefroren ist, laufen wir Schlittschuh.
4. Meine Mutterwurde wütend, ... sie die Nachricht erfuhr.

2 Traduis.

1. Er wusste nicht, wann er sich vorstellen sollte.
2. Als die Berliner Mauer fiel, freuten sich alle Deutschen.
3. Wir müssen viel zu Fuß laufen, wenn die U-Bahn streikt.
4. Als man zum ersten Mal von Computern sprach, verstand keiner etwas.

3 Traduis aussi.

1. Weißt du, wann unsere Eltern kommen.
2. Wenn die Ferien kommen, regen sich die Schüler auf.
3. Das Essen steht auf dem Tisch, wenn ich nach Hause komme.
4. Als er den Unfall erfuhr, lief er direkt zum Krankenhaus.

4 Comment dirais-tu en allemand ?

1. Je ne peux pas te dire quand ce livre paraîtra.
2. Lorsqu'elle ouvrit la porte, elle eut peur.
3. Nous prenons toujours une lampe de poche quand nous rentrons tard le soir.

Corrigés des exercices page 148

29 SUBORDONNÉES TEMPORELLES INTRODUITES PAR *BEVOR, NACHDEM*

JE RETIENS

■ **La subordonnée introduite par** *bevor* (avant que, avant de)
Ex. : *Bevor es zu spät ist, solltest du dem Direktor schreiben*
Avant qu'il ne soit trop tard, tu devrais écrire au directeur.
Attention : contrairement au français, l'allemand n'envisage pas la construction infinitive avec *bevor*. Il faut donc construire une subordonnée.⚠ **Concordance des temps** entre la principale et la subordonnée.
Ex. : *Bevor du das Spielfeld betrittst, musst du dein Trikot anziehen.*
Avant d'entrer sur le terrain, tu dois mettre ton maillot.
Du machtest immer deine Hausaufgaben, bevor du ins Bett gingst.
Tu faisais toujours tes devoirs avant d'aller te coucher.

■ **La subordonnée introduite par** *nachdem* (après que, après avoir)
L'emploi de *nachdem* impose une concordance des temps entre la principale et la subordonnée. De même que pour *bevor*, *nachdem* ne s'emploie pas dans une proposition infinitive.
Ex. : Après avoir déjeuné, il <u>fait</u> la sieste. *Nachdem er gegessen hat, legt er sich hin.* La principale est au **présent**, la subordonnée avec *nachdem* sera au **parfait**, car il y a une antériorité de l'action de manger par rapport à la sieste.
Ex. : Après avoir déjeuné, il <u>faisait</u> la sieste. *Nachdem er gegessen hatte, legte er sich hin.* La principale est au **prétérit**, la subordonnée avec *nachdem* sera au **plus-que-parfait.**

JE VÉRIFIE

	vrai	faux
1. Quand on dit en français « avant de commencer, je… » on dit en allemand : *bevor ich anfange, …*	☐	☐
2. La forme « après avoir » n'existe pas en allemand. Il faut composer une subordonnée pour exprimer cette idée.	☐	☐

1. vrai. – 2. vrai, en faisant attention aux temps de la principale.

67

1 Complète par *bevor* ou *nachdem.*

1. .... die Eltern zurückkommen, räumen die Kinder ihr Zimmer auf.
2. .... sie ihr Zimmer aufgeräumt haben, toben sie herum.
3. .... du den Text verstanden hast, kannst du ihn erst interpretieren.
4. .... die Kinder in die Schule gehen, sollen sie gut frühstücken.
5. .... er die ganze Nacht getanzt hatte, hatte er großen Durst.

2 Traduis.

1. Nachdem wir unsere Sachen eingepackt hatten, fuhren wir schnell zum Bahnhof.
2. Bevor wir unsere Fahrkarten lösten, mussten wir Geld abheben *(retirer de l'argent).*
3. Bevor wir in der Haupstadt eintrafen, haben wir den Stadtplan aus dem Rucksack geholt.
4. Nachdem wir spazierengegangen waren, haben wir ferngesehen.
5. Bevor wir ins Bett gingen, haben wir lange über das Programm des folgenden Tages diskutiert.

3 Traduis.

1. Après avoir dîné, ils allèrent au cinéma.
2. Avant de partir en Allemagne, il acheta un dictionnaire bilingue.
3. Après avoir quitté le lycée, il commença un apprentissage.
4. Avant d'appeler Peter, tu dois trouver son numéro de téléphone.

Corrigés des exercices page 148

30 SUBORDONNÉES TEMPORELLES INTRODUITES PAR *WÄHREND, SEITDEM (SEIT), SOLANGE, BIS, SOBALD*

JE RETIENS

■ *Während* : pendant que, tandis que.
Ex. : *Während sie die Zeitung liest, spielt er Geige.*
Pendant qu'elle lit le journal, il joue du violon.
Deux actions parallèles sont rapportées. Le temps de la principale sera identique à celui de la subordonnée.

Attention : il ne faut pas confondre *während* conjonction (pendant que…) avec *während* préposition (pendant) régissant le génitif.
Ex. : pendant les vacances = *während der Ferien.*

■ *Seit* ou *seitdem* : depuis que.
Ex. : *Seit sie regelmäßig Klavier spielt, ist sie weniger aggressiv.*
Depuis qu'elle joue régulièrement du piano, elle est moins agressive.

Attention : ne pas confondre *seit* ou *seitdem* conjonctions, avec *seit* préposition suivie du datif.
Ex. : *Seit einer Woche regnet es.* Il pleut depuis une semaine.

■ *Solange* : tant que, aussi longtemps que…
Ex. : *Solange er krank war, ist sie bei ihm geblieben.*
Tant qu'il a été malade, elle est restée près de lui.

■ *Bis* : jusqu'à ce que.
Ex. : *Er muss warten, bis die Eltern zurückkommen.*
Il doit attendre le retour de ses parents (jusqu'à ce que ses parents rentrent).

■ *Sobald* : dès que.
Ex. : *Sobald das Konzert zu Ende ist, stürzen sich die Fans auf den Sänger.*
Dès la fin du concert (dès que le concert est fini), les fans se précipitent sur le chanteur.

1. *Während des Sommers habe ich viel gelesen.* Ici *während* est une conjonction. ☐ ☐

2. Toutes ces conjonctions permettent de construire des subordonnées en fonction de la notion de temporalité exprimée. Ces subordonnées peuvent toutes occuper la place 1. ☐ ☐

1. faux (préposition avec le génitif). – 2. vrai pour toutes à l'exception de *bis*.

JE M'ENTRAÎNE

1 Complète par la conjonction qui convient.

1. Du kannst bleiben, ... du magst.
2. .... ich bei dem Kranken blieb, rief mein Freund den Krankenwagen.
3. Alle Schüler schweigen, ... der Lehrer kommt.
4. .... er nach Hause kommt, will er sofort essen.
5. Ich fühle mich viel besser, ... ich eine Siesta gemacht habe.
6. Das Kind weinte, ... die Mutter wieder nach Hause kam.
7. .... er sie kennenlernte, gefiel ihm keine andere.
8. Warte, ... ich komme.
9. .... sein Fahrrad kaputt ist, geht er zu Fuß ins Büro.

2 Traduis les phrases ci-dessus.

3 Comment dit-on en allemand ?
1. Il te faut patienter jusqu'à tes 18 ans.
2. Rends-moi visite dès que tu le souhaites.
3. Depuis que je te connais, j'ai progressé en allemand.

4 Traduis.
1. Während er arbeitete, las sie viele Comics.
2. Seitdem sein Hund tot ist, geht er nicht mehr spazieren.
3. Schreib'mir, sobald du in Rom bist.

Corrigés des exercices page 148

31 SUBORDONNÉE CONDITIONNELLE INTRODUITE PAR *WENN*

JE RETIENS

Elle est introduite par *wenn* et exprime trois hypothèses :

❙ L'hypothèse réaliste :
Wenn es regnet, gehen wir ins Kino. S'il pleut, nous irons au cinéma.

❙ L'hypothèse irréaliste au moment où les propos sont tenus, mais réalisable :
Wenn sie heute abend frei hätte, würden wir ins Theater gehen.
Si elle était libre ce soir, nous irions au théâtre.
On exprime ce type d'hypothèse au moyen du **subjonctif II** dans les deux propositions. Dans la principale, on emploie plutôt la forme en *würde* + **infinitif**.

❙ L'hypothèse qui n'a pu être réalisée :
Wenn ich das früher gewusst hätte, wären wir nicht nach München gefahren. Si j'avais su cela plus tôt, nous ne serions pas partis à Munich.
On exprime ce type de regret au moyen du **subjonctif II passé** (irréel).

Remarque : vous apprendrez dans le second cycle qu'il est possible, surtout dans la langue littéraire, de supprimer *wenn*.

❙ Pour construire une subordonnée conditionnelle il faut nécessairement savoir employer le **subjonctif 2 au futur et au passé,** le présent du subjonctif 2 devenant une forme désuète dans la langue parlée, mis à part pour les auxiliaires : ich *hätte* (j'aurais), ich *wäre* (je serais).

Attention : parmi les auxiliaires de mode, seuls *wollen* et *sollen* ne prennent **pas d'inflexion** au subjonctif 2.

JE VÉRIFIE

	vrai	faux
1. On ne dit pas : *Ich würde ...... sein* ou *ich würde ...... haben.*	☐	☐
2. *Ich tränke, ich äße, ich ginge* équivalent dans la langue parlée à *ich würde ...... trinken, essen, gehen.*	☐	☐

1. vrai. − 2. vrai.

71

1 À partir de ce modèle, transforme les phrases suivantes :

Wenn er besser arbeitet, besteht er das Examen.

  a) *Wenn er besser <u>arbeitete</u>, <u>würde</u> er das Examen <u>bestehen</u>.*
  b) *Wenn er besser <u>gearbeitet hätte</u>, <u>hätte</u> er das Examen <u>bestanden</u>.*

1. Wenn er Geld bekommt, kauft er sich ein Fahrrad.
2. Wenn er nach Wien fliegt, besichtigt er die vielen Museen.
3. Wenn er dieses Wasser trinkt, geht er ein Risiko ein.
4. Wenn er ins Gebirge fährt, montiert er die Winterreifen.
5. Wenn ich im Schwarzwald bin, kaufe ich mir eine Kukucksuhr.

2 Forme des phrases pertinentes en réunissant un élément de chaque colonne :

1. Wenn ich weiß, wo du deine Ferien verbringst,
2. Wenn er am Morgen länger schliefe,
3. Wenn wir ein Auto hätten,
4. Wenn ich nicht krank gewesen wäre,
5. Wenn die Nachbarn in der Nacht weniger Lärm machten,

A. wären wir am Morgen nicht so müde.
B. besuche ich dich.
C. würden wir öfter ins Grüne fahren.
D. wäre er bestimmt besserer Laune.
E. hätte ich gern an der Wanderung teilgenommen *(participer à la balade)*.

Corrigés des exercices page 149

32 LE DIRECTIONNEL ET LE LOCATIF : *WO?* ET *WOHIN?*

JE RETIENS

■ **La langue allemande marque une opposition de sens entre :**
• **Le lieu vers lequel on se dirige,** le point de direction : il s'agit d'un **complément directionnel.**
Ex. : *sie geht <u>in die Schule</u>* = accusatif.

• **Le lieu où l'on est et où se situe une action** dont on parle : il s'agit d'un **complément locatif.**
Ex. : *sie arbeitet <u>in der Schule</u>* = datif.

■ **Cette opposition se traduit dans la langue par une opposition :**
• **de prépositions :**

locatives	directionnelles
bei Peter bleiben	*zu* Peter fahren
rester chez Peter	aller chez Peter
zu Hause sein	*nach* Hause gehen
être à la maison	aller à la maison
in Frankreich leben	*nach* Deutschland fliegen
vivre en France	aller en Allemagne en avion

• **d'interrogatifs :** *Wo?* (Où ?) *Wohin?* (Où ?) qui nous servent d'indices quant à la réponse attendue :

– À une question *Wo?* répond obligatoirement un énoncé décrivant une relation locative.
Ex. : *Wo haben sie Deutsch gelernt?* Où avez-vous appris l'allemand ?
  In Deutschland, in Köln, in einer Sprachschule.
  En Allemagne, à Cologne, dans une école de langues.

– À une question *Wohin?* répond obligatoirement un énoncé décrivant une relation directionnelle.
Ex. : *Wohin sind sie im Sommer gefahren?* Où êtes-vous parti en été ?
  Nach Italien, in die Alpen, zu italienischen Freunden.
  En Italie, dans les Alpes, chez des amis italiens.

1. *Nach* est utilisé entre autres pour traduire le fait que l'on va « à la maison ». ☐ ☐

2. Si je dis : *Ich bin zu Hause*, je signifie que je suis à la maison. ☐ ☐

1. vrai. – 2. vrai.

JE M'ENTRAÎNE

1 **Les phrases suivantes correspondent-elles à un complément de type directionnel ou de type locatif ?**

	Directionnel	Locatif
1. Er lebt in Frankreich.		
2. Sie fährt zu Ingrid.		
3. Sie wollen zu Hause bleiben.		
4. Geht ihr bald nach Hause?		
5. Sie sind zu Freunden gefahren.		
6. Fliegst du immer nach Italien?		
7. Er hat Deutsch in der Schule gelernt.		
8. Sie wohnt nicht mehr in Köln.		

2 **Pose la question commençant par Wo? ou Wohin? à laquelle répondent les phrases suivantes.**

1. Er arbeitet in Bonn.
2. Sie will nach Berlin fahren.
3. Die Kinder essen in der Kantine.
4. Er fährt nach Italien.
5. Die Schüler spielen auf dem Hof.

3 **Complète par *bei*, *zu*, *nach* ou *in*.**

1. Er wohnt .... seinen Eltern.
2. Ich gehe .... Petra.
3. Er will heute spät .... Hause gehen.
4. Wir gehen gern .... den Wald.
5. Isabel bleibt aber .... Hause.

Corrigés des exercices page 149

33 LE DIRECTIONNEL ET LE LOCATIF : *IN, NACH, BEI, ZU*

JE RETIENS

▌ À l'opposition de prépositions et d'interrogatifs s'ajoute celle **de cas**. Le choix du cas que l'on va employer déterminera la nature de la relation.

• S'il s'agit d'une relation entre une activité et un espace circonscrit, on emploiera le **datif**, car la relation sera de **nature locative**.
>   Ex. : *Sie arbeitet in einem großen Kaufhaus.*
>   Elle travaille dans un grand magasin.

• S'il s'agit d'un lieu considéré comme un point d'arrivée, on emploiera l'**accusatif**, la relation étant de **nature directionnelle**.
>   Ex. : *Sie geht jeden Tag ins Kaufhaus.*
>   Elle va chaque jour au grand magasin.

• L'opposition « locatif-directionnel » est traduite soit par le **changement des cas** après les prépositions appelées « spatiales », ou parfois « mixtes » (cf. fiche n° 23), soit par le changement des prépositions elles-mêmes.

▌ Si on utilise **un nom commun**, c'est l'article qui varie et qui indique l'idée de locatif ou de directionnel selon qu'il est au datif ou à l'accusatif.
Ex. : *Setz' dich <u>in die Ecke</u>!* = relation directionnelle.
>   Assieds-toi dans le coin !
>   *Er sitzt gemütlich <u>in der Ecke</u>.* = relation locative.
>   Il est assis confortablement dans le coin.
>   *Wohin fährt sie?   In die Schweiz   Sie hält sich in der Schweiz auf.*
>   Où part-elle ?   En Suisse.   Elle séjourne en Suisse

▌ Si on utilise **un nom propre**, qui par définition n'est pas accompagné d'article (*Vati, Peter, Deutschland, Berlin*), le seul élément variable est la préposition.
Ex. : *Er will zu Peter.*   *Er möchte drei Tage bei Peter bleiben.*
>   *Er fährt nach Berlin.*   *Seine Freundin wohnt in Berlin.*

JE VÉRIFIE

vrai   faux

1. Si la relation décrite est de nature locative, le complément sera à l'accusatif.

☐   ☐

2. *Nach Deutschland fahren* exprime une relation de nature directionnelle.

☐   ☐

1. faux (au datif). – 2. vrai.

JE M'ENTRAÎNE

1 Traduis :

1. J'ai appris l'allemand en France.
2. Où êtes-vous allés en août ?
3. Dans les Alpes.
4. Il travaille mal à l'école.
5. Où restes-tu donc si longtemps ?

2 Traduis aussi :

1. Assieds-toi aussi devant la fenêtre !
2. Karl est déjà assis près de la fenêtre.
3. Où va-t-il ? Chez son amie.
4. Elle habite à Berlin.
5. Où passes-tu le week-end ? Chez ma tante.

3 Pose la question *Wo?* ou *Wohin?*

1. Sie stellt das Glas auf den Tisch.
2. Sie sitzt immer auf dem Sofa.
3. Wir wollen im Sommer nach Portugal fahren.
4. In Lissabon ist das Wetter immer sonnig.
5. Wir wohnen dort bei unserer Kusine.

4 Complète par le bon cas.

1. Sie geht jeden Samstag zu ihr .... Eltern.
2. Die Eltern wohnen auf d......... Land.
3. Am Sonntag geht sir oft in......... Kino.
4. I......... Kino sitzen immer viele Leute.
5. In d......... Zeitung kann man das Kinoprogramm finden.

Corrigés des exercices page 149

34 LES OPPOSITIONS DE VERBES : *SETZEN/SITZEN*

JE RETIENS

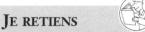

■ Certains verbes allemands s'opposent en fonction de **l'intention** qu'ils expriment. On les appelle aussi souvent **verbes de « position »** ou **verbes de « mouvement »** pour les différencier.

Ils s'opposent par paires :

– *sitzen* : être assis	et	*(sich) setzen* : (s') asseoir
– *liegen* : être couché, posé à plat	et	*legen* : coucher, poser à plat
– *stehen* : être debout	et	*stellen* : mettre (debout)
– *hängen* : être accroché	et	*hängen* : accrocher, suspendre.

Les verbes de cette colonne sont des verbes **forts**. Ils ont pour auxiliaire *haben*.

Les verbes de cette colonne sont **faibles**. Ce sont des verbes **réguliers** transitifs qui expriment l'action en train de se faire.

■ En fonction du verbe employé, on aura dans la phrase produite soit une intention **locative**, soit une intention **directionnelle** : le complément introduit par la préposition sera en conséquence, soit au **datif,** soit à **l'accusatif.**

*Sie **sitzt** auf **dem** Sofa.*	*Sie **setzt sich** auf **das** Sofa.*
*Er **liegt im** Gras* (dans l'herbe).	*Er **legt sich ins** Gras*
*Mutti **steht** vor **der** Tür*	*Mutti **stellt sich** vor **die** Tür.*
*Das Bild **hängt** an **der** Wand.*	*Vati **hängt** das Bild an **die** Wand.*

Relation locative :
question *wo?* (où ?)
Wo sitzt sie? auf dem Sofa.
Où est-elle assise ? Sur le divan.

Relation directionnelle :
question *wohin?* (où ?)
Wohin setzt sie sich? Auf das Sofa
Où s'assoit-elle ? Sur le divan.

Remarque : les verbes de la colonne de droite *(sitzen, liegen, stehen, hängen)* se traduisent par le verbe « être » : être assis, couché, debout, suspendu, mais en allemand le verbe se suffit à lui même. Ex. : *er steht* = il est debout. Un adverbe tel que *dort* (là) s'exprime sous une forme directionnelle par *dorthin* (là-bas).

Meine Schwester arbeitet dort.   *Geh mal dorthin!*
Ma sœur travaille là.   Va donc là-bas !

1. Dans la phrase « demain je vais au théâtre » transposée en allemand, le complément sera-il locatif ou directionnel ?

2. *Das Buch liegt auf dem Tisch.* Le complément est-il locatif ou directionnel ?

1. *Morgen gehe ich ins (in das) Theater* = complément directionnel. – 2. Le complément *auf dem Tisch* est locatif (il indique un lieu).

JE M'ENTRAÎNE

1 **Quels sont, ci-dessous, les compléments de type locatif ?**

1. Er steht im Zimmer und schaut fern
2. Vater hängt die Lampe an die Decke.
3. Deine Tennisschuhe liegen im Schrank.
4. Er hat sein Fahrrad hinter die Mauer gestellt.
5. Meine Schwester hängt am Telefon.

2 **Traduis :**

1. Jeden Tag fahren sie an die See.
2. Sie verbringen viele Stunden am Meer.
3. Sie stellt die Vase auf den kleinen Tisch.
4. Alle Kinder sitzen gern vor dem Fernseher.
5. Er stand vor der Tür mit Blumen in der Hand.

3 **Traduis :**

1. Pose vite le journal sur la table !
2. Elle se met au lit *(se couche)* toujours à 9 heures.
3. Derrière la maison il y a *(se tient)* un vieil arbre.
4. Assieds-toi à côté de lui !
5. J'ai entendu son nom à la radio.

Corrigés des exercices page 149

35 LA FORME DU VERBE : SIMPLE, À PRÉVERBE SÉPARABLE, INSÉPARABLE

JE RETIENS

❚ Un verbe en allemand peut avoir une **forme simple** comme *spielen* (jouer) ou *lesen* (lire), mais il peut aussi comporter un **préverbe accentué,** comme dans *aufmachen* (ouvrir) où *auf* est accentué, ou un **préverbe inaccentué** comme dans *verstehen* (comprendre), où le préverbe *ver* est inaccentué.

Ces distinctions sont importantes car elles conditionnent le comportement du verbe. **On dira :**

*sie **spielt** jeden Tag Tennis*	**ou**	*er **liest** die Zeitung am Abend*
elle joue chaque jour au tennis		il lit le journal le soir.
Mais : *sie **macht** die Tür **auf***	**et**	*er **versteht** nichts*
elle ouvre la porte		il ne comprend rien.

❚ **Observons les verbes à préverbes dits séparables.**

Lorsqu'ils sont accentués, ils se détachent du verbe. Ils sont très nombreux : *ab, an, auf, bei, dar, ein, entgegen, empor, fort, hin* (+ composé), *her* (+ composés), *los, mit, nach, nieder, vor, weg, weiter, zu,* etc.

Ex. : *eintreten* (entrer) = *ein* est accentué. Le verbe s'en détache.

Il occupe alors la 1re ou la 2e place dans la phrase.

Er tritt in die Wohnung ein. Il entre dans l'appartement.

Tritt doch ein! Entre donc !

La marque infinitive *zu* ou celle du participe 2 *ge* seront placées entre le préverbe accentué et le verbe.

Ex. : *Er freut sich mitzumachen.* Il se réjouit de participer.

Er hat mitgemacht. Il a participé.

❚ **Observons les verbes à préverbes dits inséparables**.

Ce sont ceux qui, inaccentués, sont toujours soudés au verbe : *be – emp – ent – er – ge – miß– ver –zer*. Ils ne prennent pas *ge* au participe 2.

Ex. : *Entdecken* (découvrir) =

Er entdeckt ein neues Land. Il découvre un nouveau pays.

Er hat ein neues Land entdeckt.

*Um dieses neue Land **zu** entdecken, hat er viele Reisen gemacht.*
Pour découvrir ce nouveau pays, il a fait beaucoup de voyages.
Remarque : il faut donc **être très attentif à l'accentuation des verbes** pour distinguer ceux qui se détachent de leur préverbe. On peut également apprendre par cœur la liste de ceux qui sont toujours soudés au verbe pour trier peu à peu, au cours de l'apprentissage, les verbes qui ont une forme simple et ceux qui sont précédés d'un préverbe accentué, appelé parfois « séparable ».

JE VÉRIFIE

1. *Arbeiten* est-il un verbe contenant un préverbe ? Oui ou non ? Si oui de quel type ?

2. *Beginnen* est-il un verbe contenant un préverbe ? Oui ou non ? Si oui, de quel type ?

3. *Vorbereiten* est-il un verbe contenant un préverbe ? Oui ou non ? Si oui de quel type ?

1. Non. – 2. Oui, de type inaccentué *(be)*. – 3. Oui, de type accentué, donc séparable.

JE M'ENTRAÎNE

1 Dans la liste des verbes suivants, quels sont ceux qui ont un préverbe accentué séparable ?

arbeiten – singen – eintreten – beginnen – verlieren – einladen – bringen.

2 Dans la liste des verbes suivants, quels sont ceux qui ont un préverbe inaccentué ?

beginnen – lernen – empfangen – zuhören – erzählen – träumen – entdecken – gefallen – einkaufen – verlieren.

3 Quel est le participe 2 (passé) des verbes faibles ou forts suivants :

antworten – schlafen – mitbringen – ausgehen – lesen – zurückkommen – tanzen – vorbereiten – regnen – fernsehen.

Corrigés des exercices page 150

36 VERBES FAIBLES, FORTS, IRRÉGULIERS À L'INDICATIF

L'allemand comporte **2 catégories de verbes** : ceux dits « **faibles** », réguliers, et ceux dits « **forts** », irréguliers. On ne peut se dispenser d'apprendre les temps primitifs des verbes forts (Voir liste des principaux verbes forts p. 153).

▌ **Les verbes faibles** : *spielen, machen, arbeiten, sagen, hören*, etc.
• Terminaisons de l'indicatif présent : *e, st, t, en t, en.*
Parfois l'ajout d'un *e* euphonique s'impose pour les verbes dont le radical est en d, t, m, n : *er arbeitet, du rechnest.*
• Terminaisons du prétérit : *te, test, te, ten, tet, ten.*
Exemple type avec l'auxiliaire *haben* : *hatte, hattest, hatte, hatten, hattet, hatten.*
• Au parfait, leur participe passé se fera en : *ge* + radical + t = *ge-mach-t.*
L'auxiliaire utilisé sera *haben* car les verbes faibles sont pour la plupart transitifs : *er hat ein schönes Lied gehört.* Il a entendu une belle chanson.

▌ **Les verbes forts** : *essen, gehen, fahren, nehmen, schlafen, trinken*, etc.
• Ils ont les mêmes terminaisons à l'indicatif présent que les verbes faibles mais ils **changent de voyelle radicale** : c'est leur particularité.
Au présent on distingue deux catégories : ceux en *a*, comme *fahren*, et ceux en *e* bref ou long comme *geben* ou *sehen*.
– Type *fahren* (aller en véhicule) : *ich fahre, du fährst, er fährt, wir fahren, ihr fahrt, sie fahren.*
– Type *geben* e bref (donner) : *ich gebe, du gibst, er gibt, wir geben, ihr gebt, sie geben.*
– Type *sehen* e long (voir) : *ich sehe, du siehst, er sieht, wir sehen, ihr seht, sie sehen.*
• Terminaisons du prétérit : Ø, *st*, Ø, *en, t, en.*
Exemple type avec l'auxiliaire *sein* : *war, warst, war, waren, wart, waren.*
• Au parfait, leur participe passé se fera en : *ge* + radical avec ou sans changement de voyelle, selon le verbe + *en* = *ge-geb-en* (donné), *ge-nomm-en* (pris), *ge-trun-ken* (bu)…
L'auxiliaire utilisé sera *haben* ou *sein* (verbes intransitifs).
Ex. : *Er hat ein Buch genommen. Er ist nach Köln gefahren.*

■ **Les verbes irréguliers** ont un prétérit de type « fort » et un participe passé de type « faible » : *bringen* (apporter), *denken* (penser), *kennen*
(connaître), etc.
Ex. : *bringen, brachte, gebracht – denken, dachte, gedacht – kennen, kannte,
gekannt.*
Attention : les verbes faibles ou forts dont le préfixe commence par un
préverbe inaccentué (voir fiche 37) et les verbes terminés en **ieren**,
d'origine étrangère ne prennent **pas de** *-ge* au P2 : *empfangen, erklärt,
manipuliert, investiert*, etc.

JE VÉRIFIE

	vrai	faux
1. Un verbe dont le participe passé se termine en *-en* est un verbe fort.	☐	☐
2. Un verbe faible ne change jamais de voyelle radicale.	☐	☐

1. vrai. – 2. vrai.

JE M'ENTRAÎNE

1 **Classe les verbes suivants en 3 listes : verbes faibles, verbes forts,
verbes irréguliers.**

arbeiten gehen spielen hören kommen kennen fahren bringen singen
zeichnen essen tanzen sehen sein werden haben nehmen tragen
lesen trinken machen bleiben kaufen laufen tun schlafen investieren
rennen verstehen telefonieren.

2 **Quel est l'infinitif des formes verbales suivantes ?**

gewartet gewesen mitgebracht amüsiert gefallen geworden gebracht
gehabt verstanden angekommen gewaschen genommen gesehen
transportiert gekannt erzählt geschrieben gesetzt begonnen gerannt.

3 **Donne les formes du prétérit des verbes suivants :**

Du hast er geht sie spielt ich komme wir lernen ihr fahrt sie sprechen
Ich nehme du trägst er erklärt sie träumt wir wünschen ihr schlaft sie essen.

Corrigés des exercices page 150

37 CONJUGAISON TYPE D'UN VERBE FAIBLE ET D'UN VERBE FORT

JE RETIENS

Conjugaison d'un verbe faible : *SPIELEN*, jouer (auxiliaire : *haben*).
P1 : *spielend*   P2 : *gespielt*   Infinitif 2 : *gespielt haben*

■ INDICATIF

Présent	Prétérit	Futur
Ich spiele	*spielte*	*werde … spielen*
du spielst	*spieltest*	*wirst … spielen*
er/sie/es spielt	*spielte*	*wird … spielen*
wir spielen	*spielten*	*werden … spielen*
ihr spielt	*spieltet*	*werdet … spielen*
sie spielen	*spielten*	*werden … spielen*

Plus-que-parfait	Parfait
Ich hatte gespielt	*habe gespielt*
du hattest gespielt	*hast gespielt*
er/sie/es/hatte gespielt	*hat gespielt*
wir hatten gespielt	*haben gespielt*
ihr hattet gespielt	*habt gespielt*
sie hatten gespielt	*haben gespielt*

■ SUBJONCTIF 2

Présent = prétérit de l'indicatif	Passé	Futur
Ich spielte	*hätte … gespielt*	*würde … spielen*
du spieltest	*hättest … gespielt*	*würdest … spielen*
er/sie/es spielte	*hätte … gespielt*	*würde … spielen*
wir spielten	*hätten … gespielt*	*würden … spielen*
ihr spieltet	*hättet … gespielt*	*würdet … spielen*
sie spielten	*hätten … gespielt*	*würden … spielen*

■ IMPÉRATIF

Mach!
Machen wir!
Macht! (pluriel collectif)
Machen Sie! (politesse)

Conjugaison d'un verbe fort : *KOMMEN*, venir (auxiliaire : *sein*).
P1 : *kommend* P2 : *gekommen* Infinitif 2 : *gekommen sein*

▌INDICATIF

Présent	Prétérit	Futur
Ich komme	*kam*	*werde ... kommen*
du kommst	*kamst*	*wirst ... kommen*
er/sie/es kommt	*kam*	*wird ... kommen*
wir kommen	*kamen*	*werden ... kommen*
ihr kommt	*kamt*	*werdet ... kommen*
sie kommen	*kamen*	*werden ... kommen*

Plus-que-parfait	Parfait
Ich war gekommen	*bin ... gekommen*
du warst gekommen	*bist ... gekommen*
er/sie/es/war gekommen	*ist ... gekommen*
wir waren gekommen	*sind ... gekommen*
ihr wart gekommen	*seid ... gekommen*
sie waren gekommen	*sind ... gekommen*

▌SUBJONCTIF 2

Présent = radical du prétérit	Passé	Futur
Ich käme	*wäre ... gekommen*	*würde ... kommen*
du kämest	*wärest ... gekomme*	*würdest ... kommen*
er/sie/es käme	*wäre ... gekommen*	*würde ... kommen*
wir kämen	*wären ... gekommen*	*würden ... kommen*
ihr kämet	*wäret ... gekommen*	*würdet ... kommen*
sie kämen	*wären ... gekommen*	*würden ... kommen*

▌IMPÉRATIF
Komm!
Kommen wir!
Kommt! (pluriel collectif)
Kommen Sie! (politesse)

38 L'EMPLOI DES AUXILIAIRES : *HABEN, SEIN* ET *WERDEN*

JE RETIENS

Dans la construction du parfait et des temps composés se pose l'emploi du bon auxiliaire.

■ **On emploie** *haben* :
– avec les verbes **transitifs** (complément d'objet à l'accusatif) :
Hast du ein gutes Buch gekauft?
– avec les verbes indiquant une **position** :
Sie haben lange gesessen. Ils sont restés assis un long moment.
– avec les verbes **pronominaux et réfléchis** :
Wir haben uns informiert. Nous nous sommes renseignés.
Er hat sich die Zähne geputzt. Il s'est brossé les dents.
– avec les verbes **intransitifs qui indiquent un état** :
Er hat zwei Stunden gewartet und hat ein wenig geschlafen.
Il a attendu deux heures et a dormi un peu.

■ **On emploie** *sein* :
– avec les verbes **intransitifs** qui expriment un **changement de lieu** :
Wir sind nach Spanien zu Fuß gegangen. Nous sommes allés en Espagne à pied.
– avec les verbes **intransitifs** exprimant un **changement d'état** :
Sie ist schnell eingeschlafen. Elle s'est endormie rapidement.
– avec les verbes *bleiben*, *sein* et *werden* :
Wie lange bist du dort geblieben? Combien de temps es-tu resté là-bas ?
Er ist lange weg gewesen. Il a été longtemps absent (au loin).
Die Kinder von gestern sind älter geworden. Les enfants d'hier ont vieilli.

■ **On emploie** *werden* :
– comme **auxiliaire du futur** : *werden* (conjugué) + infinitif du verbe.
Ich werde, du wirst, er wird, wir werden, ihr werdet, sie werden … kommen.
Sie wird bald ihr Examen machen. Elle passera bientôt son examen.
– comme **auxiliaire du passif** indiquant le déroulement ou la description d'une activité en cours :
Viele Wagen werden jährlich von Deutschland exportiert.
Chaque année l'Allemagne exporte de nombreuses voitures = de nombreuses voitures sont exportées chaque année par l'Allemagne.

JE VÉRIFIE

vrai   faux

1. *Die Arbeit wird hier schnell gemacht.* Cette phrase est au futur.

☐   ☐

2. Contrairement au français, *sein* s'emploie avec lui-même au parfait.

☐   ☐

3. Pour traduire « il s'est lavé les mains » quel auxiliaire choisir ? *Haben* ou *sein* ?

1. faux, au passif (+ p2 et non infinitif). – 2. vrai. – 3. *Haben*, car le verbe est réfléchi.

JE M'ENTRAÎNE

1 Complète par le bon auxiliaire.

1. Sie .... ihn heute zum ersten Mal gesehen.
2. Sie .... lange an der Bushaltestelle gewartet.
3. Er .... gestern seiner Mutter Blumen zum Geburtstag gebracht.
4. Wie .... er so spät nach Hause zurückgekommen?
5. Warum .... ihr plötzlich so aggressiv geworden?
6. Wir .... lange Zeit in Berlin geblieben, weil wir dort studiert ... .
7. Wo .... du denn in den Ferien gewesen? Dort, wo ich aufgewachsen (*j'ai grandi*) ....
8 .... ihr im Zug schlafen können?
9. Wir .... uns nach dem Weg informiert und ... pünktlich am Ziel angekommen.
10. Glaubst du, dass er schon nach Rom gefahren ...?
11. Ihr .... heute morgen aber faul gewesen!
12. Was .... deine Eltern über deine Noten gesagt?
13. Seit Jahren .... er seine Eltern nicht mehr besucht.
14. Sie .... sich gestern die Haare schneiden lassen.
15. Was .... dieses Ding da gekostet?
16. Gestern .... wir ihn auf der Straße getroffen.
17. Nach drei Stunden .... das Kind endlich eingeschlafen.
18. Es .... in der Nacht geschneit.
19. Sie .... an der Haltestelle lange gestanden.
20. Wann .... du von den USA zurückgeflogen?

Corrigés des exercices page 150

39 LE SUBJONCTIF 2 : WÄRE, HÄTTE, KÄME, WÜSSTE

JE RETIENS

Il sert principalement à former le conditionnel. Il comporte **trois temps** essentiels : le **présent**, le **futur** et le **passé**.

■ Pour les **verbes faibles**, le présent du subjonctif 2 présente les **mêmes formes** que celles du **prétérit** : *ich machte, du machtest, er machte, wir machten, ihr machtet, sie machten.*

■ Pour les **verbes forts**, le présent du subjonctif 2 se forme sur le **radical du prétérit** en ajoutant **le suffixe** *e* et une **inflexion sur** *a*, *o*, *u*.

ich nähme	*wir nähmen*	*ich könnte*	*wir könnten*
du nähmest	*ihr nähmet*	*du könntest*	*ihr könntet*
er nähme	*sie nähmen*	*er könnte*	*sie könnten*

Mais cette forme est de plus en plus remplacée par une forme en *würde* + **infinitif.**

Ex. : *Ich würde gern dieses Buch nehmen.* Je prendrais bien ce livre.

■ Pour la formation du futur (**hypothèse réalisable**) et/ou du passé (**l'irréalité, le regret exprimé**) on ne fait **pas de distinction** entre les verbes faibles ou forts.

• **Futur** : *ich würde, du würdest, er würde, wir würden, ihr würdet, sie würden..+* **infinitif.**

Ex. : *Ich würde gern in Berlin leben.* J'habiterais volontiers à Berlin = verbe faible.

Er würde gern nach München fahren. Il irait bien à Munich = verbe fort.

• **Passé** : auxiliaire *wäre* ou *hätte,* choisi en fonction du verbe, suivi du **P2 du verbe que l'on conjugue.** *Ich hätte ... gernommen* = j'aurais pris, *ich wäre gekommen* = je serais venu.

Ex. : *Ich hätte, du hättest, er hätte, wir hätten, ihr hättet, sie hätten ... genommen ;*

ou *ich wäre, du wärest, er wäre, wir wären, ihr wäret, sie wären ... gekommen.*

Ex. : *Sie hätten gern mehr Fleisch genommen.* Ils **auraient** bien **pris** plus de viande.

Sie wären länger im Urlaub geblieben. Ils **seraient** bien **restés** plus longtemps en congé.

Attention : les auxiliaires prennent **obligatoirement** la forme du présent du subjonctif 2 *(ich wäre, ich hätte, möchte, müsste, könnte, dürfte)* mais seuls *wollen* et *sollen* ne prennent pas d'inflexion au subjonctif 2 : *ich wollte, ich sollte,* formes identiques à celles du prétérit.

JE VÉRIFIE

vrai   faux

1. La forme *ich sänge* correspond à *ich würde singen*.   ☐   ☐

2. Pourquoi traduit-on « j'aurais couru » à l'aide de l'auxiliaire *sein* ?

1. vrai. – 2. *Ich wäre gelaufen,* car le verbe *laufen* indique un déplacement obligatoire de la personne et appelle l'auxiliaire *sein*.

JE M'ENTRAÎNE

1 **Les formes verbales suivantes sont-elles oui ou non au subjonctif 2 ?**

1. sie kommt
2. wir gäben
3. du könntest
4. er lernte
5. ich werde .... sagen
6. wir verstanden
7. ihr spracht
8. sie gingen
9. er weiß
10. wir müssten

11. ihr läset
12. wir haben .... gerufen
13. wir wären .... gewesen
14. du hättest
15. er wird .... kommen
16. du bliebest
17. ihr hättet .... genommen
18. sie informierten
19. er würde .... wiederholen

2 **Traduis :**

1. Peter wäre sehr gern zur Party gekommen, wenn er mehr Zeit gehabt hätte.
2. Du hättest eine bessere Note bekommen, wenn du mehr gearbeitet hättest.
3. Ich würde gern meine Ferien in Spanien verbringen.

Corrigés des exercices page 150

40 LE PASSIF : PRÉSENT, PRÉTÉRIT

JE RETIENS

Le passif est plus employé en allemand qu'en français.

❚ L'auxiliaire du passif est *werden* (et non « être » comme en français).

❚ Le complément d'agent est introduit par *von* + datif s'il est à la source de l'action, par *durch* + accusatif s'il n'en est que l'intermédiaire.
Ex. : *Der Wagen wird vom Automechaniker repariert.*
La voiture est réparée par le mécanicien.
Die Familie wurde durch ein Telegramm verständigt.
La famille fut prévenue par télégramme.

	Forme active	Forme passive
Présent :	*Der Hoteldirektor sucht einen guten Koch.*	*Ein guter Koch wird vom Hoteldirektor gesucht.*
Prétérit :	*Der Hoteldirektor suchte einen guten Koch.*	*Ein guter Koch wurde vom Hoteldirektor gesucht.*

Remarques :
• Il ne faut pas confondre le passif (auxiliaire *werden* + participe passé) et le futur (auxiliaire *werden* + infinitif).
• Il ne faut pas non plus confondre le passif actif et le passif état : dans ce dernier cas, l'auxiliaire *sein* remplace l'auxiliaire *werden*, car on constate un état, il ne s'agit donc plus d'une action en cours.
Ex. : *Die Altstadt ist von dichten Steinmauern umgeben.*
La vieille ville est entourée d'épais murs de pierre.

JE VÉRIFIE

	oui	non

S'agit-il d'un passif ?

1. *Zu Weihnachten wird das Kind ein Computerspiel bekommen.* ☐ ☐

2. *Am 17. August 1991 wurde der Sarg Friedrichs II. nach Sanssouci zurückgebracht.* ☐ ☐

1. non. – 2. oui.

1 Mets au passif les phrases suivantes :

1. Der Arzt pflegt das kranke Kind.
2. Der Blitz *(l'éclair)* traf den Baum.
3. Meine Tante schickte mir die Nachricht per Telefax.
4. Der Polizist führt eine Kontrolle durch.
5. Der Kanzler lädt viele Staaten und internationale Organisationen zur Expo 2000 nach Hannover ein.
6. Der Straßenlärm weckt ihn.
7. Zu Weihnachten schrieb mir Paul einen langen Brief.
8. Die deutsche Nationalmannschaft gewann dreimal die Fußball-Weltmeisterschaft.
9. Der Verkauf von Eintrittskarten deckte die Kosten.
10. Man soll die Fenster putzen.
11. Man muss die Sanierung *(la réhabilitation)* der Altbauten in den neuen Ländern fortsetzen *(poursuivre)*.
12. Der Umzug der Ministerien und Behörden nach Berlin verschlingt *(engloutit)* erhebliche Summen.
13. Meine Schwester schenkte mir diese CD zu Weihnachten.

2 Recette des cornichons au vinaigre *(Essiggürkle)* (traduis ce début) :

Die Gurken werden sauber gebürstet und gewaschen und über Nacht in starkes Salzwasser gelegt. Am anderen Tag werden sie sorgfältig abgetrocknet und mit den Kräutern lagenweise in einen Steintopf geschichtet ....
(Les recettes en allemand sont souvent rédigées au passif, en français plutôt à l'infinitif).

Corrigés des exercices page 150

41 LA SYNTAXE DES VERBES

Certains verbes allemands ont une construction différente de celle du français.

▪ **Verbes suivis de l'accusatif :**
– *besuchen* : rendre visite à qqn…
– *bitten* : prier qqn (de faire qqc.).
– *brauchen* : avoir besoin de…
– *fragen* : demander à qqn…
– *genießen* : profiter de qqc.
– *sprechen* : vouloir parler à qqn.
Ex. : *Ich frage dich nach dem Weg.* Je te demande le chemin.
    Er möchte den Direktor sprechen. Il voudrait parler au directeur.

▪ **Verbes suivis du datif :**
– *danken* : remercier.
– *folgen* : suivre. (Se conjugue avec l'auxiliaire être.)
– *glauben* : croire ce que dit qqn.
– *gratulieren* : féliciter.
– *helfen* : aider.
Ex. : *Ich glaube es dir.* Je crois ce que tu me dis.
    Wir gratulieren dir zum Geburtstag. Nous te souhaitons un bon anniversaire.
    Das Kind ist ihm den ganzen Tag gefolgt. L'enfant l'a suivi toute la journée.

▪ **Verbes suivis d'une préposition :**
– *mit* + datif *anfangen* : commencer qqc.
– *mit* + datif *aufhören* : cesser qqc.
– *auf* + accusatif *aufpassen* : faire attention à…
– *an* + accusatif *denken* : penser à…
– *sich an* + accusatif *erinnern* : se souvenir de…
– *sich über* + accusatif *freuen* : se réjouir de…
– *sich auf* + accusatif *freuen* : se réjouir à la pensée de…

> – *von* + datif *träumen* : rêver de...
> – *auf* + accusatif *warten* : attendre...
> Ex. : *Erinnerst du dich an unsere Ferien am Meer?*
> Te rappelles-tu nos vacances au bord de la mer ?

JE VÉRIFIE

	vrai	faux
1. *brauchen* est un verbe suivi directement de l'accusatif.	☐	☐
2. *folgen* se construit au passé composé avec l'auxiliaire *haben*.	☐	☐

1. vrai. – 2. faux, il se forme avec l'auxiliaire être.

JE M'ENTRAÎNE

1 Comment dirais-tu en allemand ?

1. Aide ta sœur à faire ses devoirs.
2. Attends-tu le bus avec moi ?
3. Je te demande d'aller chercher nos amis à la gare.
4. Elle rêve d'une nouvelle voiture.
5. Quand pourras-tu me rendre visite ?
6. Elle lui a demandé le prix du livre.
7. Profite de tes vacances d'été au bord de la mer.
8. Je voudrais parler à l'infirmière.
9. As-tu pensé à le remercier ?
10. Je me réjouis de ton succès *(der Erfolg)*.

2 Complète :

1. Die Mutter hilft d..... Kind beim Lesen.
2. Sie warten mit dem Essen ..... d..... Vater.
3. Vergiss nicht, unser..... Freunden zu danken.
4. Sie bittet ihr..... Freund um Antwort.
5. Er hat sein..... Freundin in den Mantel geholfen.

Corrigés des exercices page 151

42 LES VERBES DE MODALITÉ

JE RETIENS

Il existe 6 verbes de modalité :
sollen : devoir, *können* : pouvoir, savoir parce qu'on a appris, *wollen* : vouloir, *müssen* : être obligé de, *dürfen* : avoir la permission de, *mögen* : aimer.

▮ **Au présent**, les 1^(re) et 3e personnes du singulier sont identiques. Ces verbes perdent également leur inflexion aux personnes du singulier lorsqu'ils en ont une :

sollen	müssen	können	dürfen	wollen	mögen
ich soll	ich muss	ich kann	ich darf	ich will	ich mag
du sollst	du musst	du kannst	du darfst	du willst	du magst
er soll	er muss	er kann	er darf	er will	er mag
wir sollen	wir müssen	wir können	wir dürfen	wir wollen	wir mögen
ihr sollt	ihr müsst	ihr könnt	ihr dürft	ihr wollt	ihr mögt
sie sollen	sie müssen	sie können	sie dürfen	sie wollen	sie mögen

▮ **Au prétérit**, ils perdent complètement leur inflexion :
ich sollte, ich musste, ich konnte, ich durfte, ich wollte, ich mochte.

▮ **Leurs participes passés** sont les suivants : *gesollt, gemusst, gekonnt, gedurft, gewollt, gemocht.*
Ex. : *Das Kind kann schon sprechen.* L'enfant sait déjà parler.
     Sie hat nicht ins Kino gedurft. Elle n'a pas eu le droit d'aller au cinéma.

Attention : lorsque le français dit : « Tu n'as pas le droit de fumer ici », l'allemand a recours à *dürfen* : *Hier darfst du nicht rauchen.* L'autorisation n'est pas donnée.

▮ **On apparente le verbe** *wissen* **aux verbes de modalité** car il présente le même fonctionnement au niveau de la conjugaison.
<u>Présent</u> : *ich weiß, du weißt, er weiß, wir wissen, ihr wisst, sie wissen.*
<u>Prétérit</u> : *ich wusste, du wusstest, er wusste, wir wussten, ihr wusstet, sie wussten.*
<u>Participe passé</u> : *gewusst.*
Ex. : *Er weiß alles.* Il sait tout.
     Er hat das nicht gewusst. Il ne l'a pas su.

JE VÉRIFIE

1. *Er … keine Suppe.*   *will?*   *muss?*

2. *Das Kind … schon schwimmen.*   *weiß?*   *kann?*

1. *Will.* – 2. *Kann.* (De toute façon, *wissen* exigerait *zu* devant l'infinitif complément).

JE M'ENTRAÎNE

Traduis :

1. Il faut que je fasse mes devoirs, sinon *(sonst)* je n'aurai pas le droit d'aller au cinéma.
2. Aimes-tu la soupe ?
3. Je veux devenir physicien.
4. Je sais que tu as raison.
5. Sais-tu comment je peux traduire cette histoire ? *(Die Geschichte übersetzen)*
6. Comment pouvais-tu le savoir ?
7. Il est interdit de se garer ici.
8. Je sais faire du ski.
9. Il fut obligé de rire.
10. Il travaille au bureau. Il ne peut pas nous accompagner.
11. Elle doit travailler davantage.
12. Il faut que je parte.
13. Je ne peux pas le sentir.
14. Je l'ai toujours su.
15. Que me veut-il ?
16. Ça doit t'être agréable.
17. Tu ne dois pas être insolent.
18. Je suis obligé de me lever tous les matins à 5h30.
19. Tu n'as pas le droit de dire une pareille chose.
20. Que sais-tu par cœur ?

Corrigés des exercices page 151

Les fonctions langagières

WILLKOMMEN !   **BIENVENUE !**

Pour exprimer ses idées, ses sentiments, ses intentions, tout individu a des besoins langagiers et s'exprime au moyen d'**outils de communication** qui traduisent le plus justement ce qu'il veut dire : **un regret, un souhait, un espoir, une interdiction, un doute,** etc.

Un bon nombre de ces outils sont des **actes de parole** *(Sprechakte)*. Lorsque l'on dispose activement d'un certain nombre d'actes de parole, on est véritablement compétent en termes communicatifs dans une langue étrangère.

Vous trouverez, comme dans le fichier de 4e, regroupés en fin d'ouvrage, un certain nombre de fonctions langagières qui correspondent, en fonction de votre niveau de langue, aux besoins d'expression plus étoffés que vous avez maintenant en allemand. Grâce à celles-ci, vous pourrez faire face aux situations les plus courantes de la vie de tous les jours en Allemagne.

TESTS D'ÉVALUATION

Dans tous les tests qui suivent, coche la ou les bonnes réponses. Attention, il y en a souvent plusieurs à cocher pour une même question !

Tu trouveras les corrigés des tests d'évaluation page 152.

TEST 1

1. Quand je dis *"Ich habe Musik gern"*, je signifie :

☐ a. quels sont mes goûts

☐ b. quel est mon âge

☐ c. d'où je viens.

2. Si je veux signifier que « je suis français », je dirai :

☐ a. *Ich heiße Frankreich.*

☐ b. *Mein Name ist französisch.*

☐ c. *Ich bin Franzose.*

Voir la fonction langagière 1 : se présenter, page 120.

TEST 2

1. Quand je dis *"Sie stören mich nicht"*, je signifie :

☐ a. que je n'ai pas le temps

☐ b. que la personne ne me dérange pas

☐ c. que la personne doit attendre.

2. Si je veux signifier que « je suis reconnaissant », je dirai :

☐ a. *ich bin zufrieden*

☐ b. *ich bin glücklich*

☐ c. *ich bin dankbar.*

Voir la fonction langagière 2 : échanger verbalement, page 121.

1. Quand je dis *"Ich möchte eine Nachricht hinterlassen"*, je signifie :

    ☐ a. que j'aimerais qu'on me rappelle

    ☐ b. que j'aimerais laisser un message

    ☐ c. que j'aimerais revenir.

2. Si je veux signifier que « je suis perdu en ville », je dirai :

    ☐ a. *ich kenne mich hier gut aus*

    ☐ b. *ich kann nicht wiederholen*

    ☐ c. *ich bin in dieser Stadt fremd.*

Voir la fonction langagière 2 : échanger verbalement, page 121.

TEST 4

1. Quand je dis *"Kannst du mir helfen?"*, je signifie :

    ☐ a. que je demande l'heure

    ☐ b. que je n'entends pas bien

    ☐ c. que j'ai besoin d'aide.

2. Si je veux signifier que « je ne comprends pas », je dirai :

    ☐ a. *ich kann nur langsam sprechen*

    ☐ b. *ich verstehe nicht*

    ☐ c. *ich kann kein Wort sagen.*

Voir la fonction langagière 2 : échanger verbalement, page 121.

TEST 5

1. Quand je dis *"Ich möchte aufs Land fahren"*, je signifie :

    ☐ a. que je souhaite rester en ville

    ☐ b. que je n'aime pas la campagne

    ☐ c. que j'ai envie d'aller à la campagne.

2. Si je veux signifier que « que je suis libre samedi prochain », je dirai :

    ☐ a. *Nächsten Samstag habe ich frei.*

☐ b. *Letzten Samstag hatte ich frei.*

☐ c. *Nächsten Sonntag habe ich frei.*

Voir la fonction langagière 3 : se situer dans le temps, page 122.

TEST 6

1. Quand je dis *"es geht mir nicht gut"*, je signifie :

☐ a. que j'ai mal à la tête

☐ b. que je suis de passage

☐ c. que je ne vais pas bien.

2. Si je veux signifier que « j'ai mal à la tête », je dirai :

☐ a. *Der Kopf tut mir weh.*

☐ b. *Ich weiß nicht, wo mir der Kopf steht.*

☐ c. *Ich bekomme einen roten Kopf.*

Voir la fonction langagière 6 : interroger l'autre, page 125.

TEST 7

1. Quand je dis *"sie kommt ja bald nach Hause"*, je signifie :

☐ a. qu'elle rentrera tard à la maison

☐ b. qu'elle va bientôt rentrer à la maison

☐ c. qu'elle ne rentrera pas à la maison.

2. Si je veux signifier que « le film dure 2 heures », je dirai :

☐ a. *der Film endet in zwei Stunden*

☐ b. *der Film beginnt in zwei Stunden*

☐ c. *der Film dauert zwei Stunden.*

Voir la fonction langagière 3 : se situer dans le temps, page 122.

TEST 8

1. Quand je dis *"Darf man hier kostenlos parken?"*, je signifie :

☐ a. que j'aimerais savoir si le stationnement est autorisé

☐ b. que je ne sais pas me garer correctement

☐ c. que j'aimerais savoir si le stationnement est gratuit à cet endroit.

2. Si je veux signifier que « je ne suis pas à la maison », je dirai :

☐ a. *ich will nicht nach Hause*

☐ b. *ich bin nicht zu Hause*

☐ c. *ich bin nicht in einem Haus.*

Voir la fonction langagière 4 : se situer dans l'espace, page 123.

TEST 9

1. Quand je dis *"Gibt es eine Ermäßigung für Schüler"*, je signifie :

☐ a. que j'aimerais obtenir un billet d'entrée pour lycéen

☐ b. que j'aimerais obtenir une réservation pour le lycée

☐ c. que j'aimerais obtenir une réduction en tant que lycéen.

2. Si je veux signifier que « je veux un billet aller-retour pour Francfort », je dirai :

☐ a. *Frankfurt, hin und zurück, bitte!*

☐ b. *Eine Fahrkarte nach Frankfurt, bitte!*

☐ c. *Einmal nach Frankfurt, bitte!*

Voir la fonction langagière 5 : demander, se renseigner, page 124.

TEST 10

1. Quand je dis *"Welches ist dein Lieblingsfach in der Schule?"*, je signifie :

☐ a. que je veux savoir ce qu'on enseigne à l'école

☐ b. que je veux savoir quelle est la matière préférée de mon interlocuteur à l'école

☐ c. que je veux savoir si mon interlocuteur aime l'école.

2. Si je veux signifier que « quelque chose m'a coûté cher », je dirai :

☐ a. *Das hat (mich) viel Geld geskostet.*

☐ b. *Es war billig.*

☐ c. *Es war nicht sehr teuer.*

Voir la fonction langagière 6 : interroger l'autre, page 125.

Test 11

1. Quand je dis "*ich lehne nicht ab*", je signifie :

  ☐ a. que j'accepte volontiers

  ☐ b. que je refuse

  ☐ c. que j'hésite.

2. Si je veux signifier que « je refuse », je dirai :

  ☐ a. *ich möchte nicht,* ...

  ☐ b. *ich weigere mich,* ...

  ☐ c. *ich will das nicht,* ...

Voir la fonction langagière 7 : accepter, refuser, page 126

Test 12

1. Quand je dis "*Sie sind sehr nett*", je signifie :

  ☐ a. que la personne à qui je parle est admirable

  ☐ b. que la personne à qui je parle est aimable

  ☐ c. que la personne à qui je parle est coquette.

2. Si je veux signifier que « c'est mon plaisir », je dirai :

  ☐ a. *Ich habe große Freude.*

  ☐ b. *Das ist mein Lieblingsfach.*

  ☐ c. *Das ist mein Vergnügen.*

Voir la fonction langagière 7 : accepter, refuser, page 126.

Test 13

1. Quand je dis "*Wir drücken dir den Daumen*", je signifie :

  ☐ a. que nous te souhaitons meilleure santé

☐ b. que nous te souhaitons du courage

☐ c. que nous te souhaitons bonne chance.

2. Si je veux signifier « je te félicite », je dirai :

  ☐ a. *ich danke dir*

  ☐ b. *ich gratuliere dir*

  ☐ c. *ich helfe dir.*

Voir la fonction langagière 8 : féliciter, page 127.

Test 14

1. Quand je dis *"Sie hat viel Geschmack"*, je signifie :

  ☐ a. qu'elle est jolie

  ☐ b. qu'elle a bon goût

  ☐ c. qu'elle aime les bonnes choses.

2. Si je veux signifier que « je ne m'en mêle pas », je dirai :

  ☐ a. *Das ist nicht für mich.*

  ☐ b. *Ich will das nicht hören.*

  ☐ c. *Es ist nicht mein Bier.*

Voir la fonction langagière 8 : féliciter, page 127.

Test 15

1. Quand je dis *"ich lade ihn ein"*, je signifie :

  ☐ a. que je ne lui donne pas d'argent

  ☐ b. que je ne l'aide pas

  ☐ c. que je ne l'invite pas.

2. Si je veux signifier que « je suis prudent », je dirai :

  ☐ a. *ich bin sicher*

  ☐ b. *ich bin vorsichtig*

  ☐ c. *ich bin kurzsichtig.*

Voir la fonction langagière 9 : prendre congé, page 128.

TEST 16

1. Quand je dis "*Gib Zeichen!*", je signifie :
   ☐ a. que je demande l'heure
   ☐ b. que je demande un renseignement
   ☐ c. que je demande des nouvelles.

2. Si je veux signifier que « j'attends une réponse prochaine », je dirai :
   ☐ a. *auf baldiges Wiedersehen!*
   ☐ b. *auf baldige Antwort!*
   ☐ c. *auf baldige Post!*

Voir la fonction langagière 9 : prendre congé, page 128.

TEST 17

1. Quand je dis "*Ich bin in dieser Firma angestellt*", je signifie :
   ☐ a. que je suis propriétaire de la firme
   ☐ b. que je suis le patron de la firme
   ☐ c. que je suis employé dans cette firme.

2. Si je veux signifier que « j'aime aller au cinéma », je dirai :
   ☐ a. *Kino gefällt mir nicht*
   ☐ b. *ich gehe gern ins Kino*
   ☐ c. *Für Kino habe ich keine Zeit.*

Voir la fonction langagière 1 : se présenter, page 120.

TEST 18

1. Quand je dis "*Auf Wiederhören!*", je signifie :
   ☐ a. que je me sépare de mon interlocuteur téléphonique
   ☐ b. que je demande qu'on me rappelle
   ☐ c. que je n'entends pas ce que l'on me dit.

2. Si je veux signifier que « j'aimerais parler au directeur », je dirai :
   ☐ a. *Ich möchte den Direktor anrufen.*

☐ b. *Ich möchte den Direktor sprechen.*

☐ c. *Ich muss mit dem Direktor sprechen.*

Voir la fonction langagière 2 : échanger verbalement, page 121.

TEST 19

1. Quand je dis "*Ich koche zuerst den Kaffee*", je signifie :

☐ a. que je vais tout de suite acheter du café

☐ b. que le café est en train de passer

☐ c. que je vais commencer par préparer le café.

2. Si je veux signifier que « je mange ce soir au restaurant », je dirai :

☐ a. *Am Abend esse ich im Restaurant.*

☐ b. *Heute Abend esse ich im Restaurant.*

☐ c. *An diesem Abend esse ich im Restaurant.*

Voir la fonction langagière 3 : se situer dans le temps, page 122.

TEST 20

1. Quand je veux signifier qu'« Elle habite près de Cologne », je dis :

☐ a. *Sie wohnt bei Köln.*

☐ b. *Sie wohnt in Köln.*

☐ c. *Sie wohnt zu Köln.*

2. Si je veux signifier qu'il « faut tourner à droite », je dirai :

☐ a. *Biegen Sie rechts ab!*

☐ b. *Sie müssen links abbiegen!*

☐ c. *Rechts kann man nicht abbiegen!*

Voir la fonction langagière 4 : se situer dans l'espace, page 123.

TEST 21

1. Quand je dis "*Ein Bier und einen Kuchen dazu!*", je signifie :

☐ a. que je n'ai pas eu mon gâteau

☐ b. que je n'aime que la bière

☐ c. que j'aimerais également un gâteau en plus de la bière.

2. Si je veux signifier que « que ce qu'on m'a servi était bon », je dirai :

☐ a. *das hat mir geschmeckt*

☐ b. *das hat mir gefehlt*

☐ c. *das hat mir gefallen.*

Voir la fonction langagière 5 : demander, se renseigner, page 124.

TEST 22

1. Quand je dis *"es geht mir besser"*, je signifie :

☐ a. que je marche mieux

☐ b. que je suis au meilleur de ma forme

☐ c. que je vais mieux.

2. Si je veux signifier que « j'ai terminé quelque chose », je dirai :

☐ a. *ich bin am Ende*

☐ b. *ich bin schon fertig*

☐ c. *ich habe noch viel zu tun.*

Voir la fonction langagière 6 : interroger l'autre, page 125.

TEST 23

1. Quand je dis *"sie hat abgesagt"*, je signifie :

☐ a. qu'elle ne dit rien

☐ b. qu'elle ne savait pas répondre

☐ c. qu'elle s'est décommandée.

2. Si je veux signifier que « tu dois y réfléchir ! », je dirai :

☐ a. *Überlege es dir!*

☐ b. *Lege es über!*

☐ c. *Du legst es dir über!*

Voir la fonction langagière 7 : accepter / refuser, page 126.

TEST 24

1. Quand je dis *"Ich muss mich verabschieden"*, je signifie :

   ☐ a. que je vais revenir

   ☐ b. que je vais m'en aller

   ☐ c. que je dois me presser.

2. Si je veux signifier que « j'espère qu'ils restent chez nous », je dirai :

   ☐ a. *ich hoffe, sie verabschieden sich*

   ☐ b. *hoffentlich bleiben sie für uns*

   ☐ c. *hoffentlich bleiben sie bei uns.*

Voir la fonction langagière 9 : prendre congé, page 128.

TEST 25

1. Quand je dis *"Ich mache gern Ferien auf dem Land"*, je signifie :

   ☐ a. que j'aimerais prendre mes vacances à la campagne

   ☐ b. que j'aime prendre mes vacances à la campagne

   ☐ c. que la campagne n'est pas un lieu de vacances pour moi.

2. Si je veux signifier que « je ne collectionne que les B.D. », je dirai :

   ☐ a. *ich sammle nur Comics*

   ☐ b. *ich sammle nie Comics*

   ☐ c. *ich sammle nun Comics.*

Voir la fonction langagière 1 : se présenter, page 120.

TEST 26

1. Quand je dis *"es ist halb neun"*, je signifie :

   ☐ a. qu'il est neuf heures et demie

   ☐ b. qu'il est neuf heures et quart

   ☐ c. qu'il est huit heures et demie.

2. Si je veux signifier qu'« il est six heures et demie », je dirai :

   ☐ a. *es ist sechs Uhr*

□ b. *es ist halb sieben*

□ c. *es ist bald sieben.*

Voir la fonction langagière 5 : demander, se renseigner, page 124.

Voir la fonction langagière 5 : demander, se renseigner, page 124.

TEST 27

1. Quand je dis "*Sie gibt viel aus*", je signifie :

   □ a. qu'elle jette son argent par les fenêtres

   □ b. qu'elle donne beaucoup autour d'elle

   □ c. qu'elle dépense beaucoup.

2. Si je veux signifier que « j'économise mon argent », je dirai :

   □ a. *ich zähle mein Geld*

   □ b. *ich spare mein Geld*

   □ c. *ich verstecke mein Geld.*

Voir la fonction langagière 6 : interroger l'autre, page 125.

TEST 28

1. Quand je dis "*nicht in Ordnung!*", je signifie :

   □ a. qu'il n'y a pas d'ordre

   □ b. que ce n'est pas l'ordre

   □ c. que quelque chose ne va pas.

2. Si je veux signifier que « je fais une objection », je dirai :

   □ a. *ich habe einen Einwand*

   □ b. *Es gibt eine Wende*

   □ c. *Ich mache eine Wand.*

Voir la fonction langagière 7 : accepter / refuser, page 126.

TEST 29

1. Quand je dis "*das habe ich nicht verdient*", je signifie :

   □ a. que je n'ai pas gagné d'argent

☐ b. que je n'ai pas mérité cela

☐ c. que je ne mérite rien.

2. Si je veux signifier que « je recommande le livre », je dirai :

☐ a. *ich kann das Buch bestellen*

☐ b. *ich kann das Buch erzählen*

☐ c. *ich kann das Buch empfehlen.*

Voir la fonction langagière 8 : féliciter, page 127.

TEST 30

1. Quand je dis *"Ich will ihn nicht einladen"*, je signifie :

☐ a. que je ne veux pas l'inviter

☐ b. que je ne peux lui demander un service

☐ c. que je ne veux pas le déranger.

2. Si je veux signifier « à samedi prochain dans l'après-midi », je dirai :

☐ a. *bis nächsten Samstagnachmittag*

☐ b. *bis nächsten Nachmittagsamstag*

☐ c. *bis Samstag am nächsten Nachmittag.*

Voir la fonction langagière 9 : prendre congé, page 128.

TEST 31

1. Quand je dis *"Hoffentlich sehen wir uns bald!"*, je signifie :

☐ a. qu'il est évident que nous nous reverrons bientôt

☐ b. que j'espère que nous nous reverrons bientôt

☐ c. qu'il est inévitable de nous revoir bientôt.

2. Si je veux signifier que « je suis au regret de devoir partir », je dirai :

☐ a. *Leider muss ich mich verabschieden.*

☐ b. *Es ist höchste Zeit, dass ich mich verabschiede.*

☐ c. *Ich bin Ihnen unendlich dankbar.*

Voir la fonction langagière 9 : prendre congé, page 128.

TEST 32

1. Quand je dis *"Lass von dir hören!"*, je signifie :

☐ a. que je t'écrirai sans tarder

☐ b. que tu dois cesser de m'écrire

☐ c. que je souhaite avoir de tes nouvelles.

2. Si je veux signifier que mon interlocuteur doit être prudent, je dirai :

☐ a. *Mach's gut!*

☐ b. *Sei vorsichtig!*

☐ c. *Gib Zeichen!*

Voir la fonction langagière 9 : prendre congé, page 128.

TEST 33

1. Quand je dis *"Ich teile ganz und gar seine Meinung"*, je signifie :

☐ a. que mes sentiments sont partagés sur ce sujet

☐ b. que je rejette totalement son avis

☐ c. que je partage pleinement son avis.

2. Si je veux signifier que je préfère rester à la maison, je dirai :

☐ a. *Ich bleibe lieber zu Hause.*

☐ b. *Ich bleibe besser zu Hause.*

☐ c. *Ich bleibe mehr zu Hause.*

Voir la fonction langagière 10 : conseiller, préférer, donner son avis, page 129.

TEST 34

1. Quand je dis : *"Ich bin enttäuscht"*, je signifie :

☐ a. que je suis triste

☐ b. que je suis déçu

☐ c. que je suis révolté.

2. Si je veux m'exclamer : « Quelle plaie ! », je dirai :

☐ a. *So ein Pech!*

☐ b. *Wie schade!*

☐ c. *Was für eine Landplage!*

Voir la fonction langagière 12 : exprimer ce qu'on ressent, page 131.

Test 35

1. Quand je dis : *"Man kann nie wissen, was geschehen mag"*, je signifie :

☐ a. On ne peut s'empêcher de se poser des questions.

☐ b. On ne peut que douter du résultat.

☐ c. On ne peut jamais savoir ce qui peut arriver.

2. Si je veux signifier que « c'est plus que douteux », je dirai :

☐ a. *Es ist mehr als zweifelhaft.*

☐ b. *Vermutlich hast du Recht.*

☐ c. *Es ist gerechtfertigt.*

Voir la fonction langagière 13 : s'interroger, douter, exprimer une hypothèse, page 132.

Test 36

1. Quand je dis : *"Ich kann noch nicht sagen, ob ich ihn besuchen darf"*, je signifie :

☐ a. que j'irai évidemment lui rendre visite

☐ b. que je ne suis pas sûr d'avoir envie de lui rendre visite

☐ c. que je ne peux dire encore si j'aurai l'autorisation de lui rendre visite.

2. Si je veux signifier que « j'aimerais savoir s'il parle allemand », je dirai :

☐ a. *Ich möchte gern wissen, ob er Deutsch kennt.*

☐ b. *Ich möchte gern wissen, ob er Deutsch kann.*

☐ c. *Ich möchte gern wissen, ob er Deutsch weiß.*

Voir la fonction langagière 13 : s'interroger, douter, exprimer une hypothèse, page 132.

1. Quand je dis : "*Diese Bücher gehören mir nicht*", je signifie :

☐ a. que ces livres me plaisent

☐ b. que ces livres m'appartiennent

☐ c. que j'ai emprunté ces livres.

2. Si je veux signifier que « je ne me rappelle plus quelque chose », je dirai :

☐ a. *Ich finde das nicht mehr.*

☐ b. *Der Kopf tut mir weh.*

☐ c. *Ich erinnere mich nicht mehr daran.*

Voir la fonction langagière 14 : posséder, perdre, page 132.

TEST 38

1. Quand je dis : "*Ich gehe geradeaus*", je signifie :

☐ a. Je vais tout droit.

☐ b. Je tourne à droite.

☐ c. Je fais demi-tour.

2. Si je veux signifier « que je me suis égaré », je dirai :

☐ a. *Ich biege links ab.*

☐ b. *Ich gehe am Fluss entlang.*

☐ c. *Ich gehe in die falsche Richtung.*

Voir la fonction langagière 15 : décrire un itinéraire, demander son chemin, page 133.

TEST 39

1. Quand je dis : "*Ich bitte Sie um Entschuldigung*", je signifie :

☐ a. que je demande un renseignement

☐ b. que je présente mes excuses

☐ c. que j'attends une réponse.

2. Si je veux signifier que « j'habite en face de la gare », je dirai :

☐ a. *Mein Haus befindet sich in der Nähe des Bahnhofs.*

☐ b. *Mein Haus liegt gegenüber dem Bahnhof.*

☐ c. *Ich zeige Ihnen mein Haus auf dem Stadtplan.*

Voir la fonction langagière 15 : décrire un itinéraire, demander son chemin, page 133.

TEST 40

1. Quand je dis : *"Ich vergesse überall etwas"*, je signifie :

☐ a. que je perds toujours tout

☐ b. que j'oublie toujours tout

☐ c. que je me rappelle toujours tout.

2. Si je veux signifier que « le professeur a pris ma balle », je dirai :

☐ a. *Der Lehrer hat meinen Ball weggenommen.*

☐ b. *Der Lehrer hat meinen Ball gefunden.*

☐ c. *Der Lehrer hat meinen Ball verloren.*

Voir la fonction langagière 14 : posséder, perdre, page 132.

TEST 41

1. Quand je dis *"an deiner Stelle würde ich mir diesen Film ansehen"*, je signifie :

☐ a. que tu devrais te dispenser de voir ce film

☐ b. que tu devrais recommander ce film

☐ c. qu'à ta place, j'irais voir ce film.

2. Si je veux signifier qu'à son avis, rien ne dépasse le rugby, je dirai :

☐ a. *Seiner Meinung nach geht nichts über Rugby.*

☐ b. *Er empfiehlt allen, Rugby zu spielen.*

☐ c. *Es kommt nicht in Frage, dass er Rugby spielt.*

Voir la fonction langagière 10 : conseiller, préférer, donner son avis, page 129.

TEST 42

1. Quand je dis *"Ich ziehe es vor, ins Schwimmbad zu gehen"*, je signifie :

   ☐ a. Je déteste aller à la piscine.

   ☐ b. Je préfère aller à la piscine.

   ☐ c. Je te conseille d'aller à la piscine.

2. Si je veux signifier que je n'ai rien à ajouter, je dis :

   ☐ a. *Ich suche nach Worten.*

   ☐ b. *Ich finde das richtige Wort nicht.*

   ☐ c. *Ich habe nichts hinzuzufügen.*

Voir la fonction langagière 10 : conseiller, préférer, donner son avis, page 129.

TEST 43

1. Quand je dis *"Ich gehe über die Brücke"*, je signifie :

   ☐ a. que je traverse le pont

   ☐ b. que je contourne le pont

   ☐ c. que je passe sous le pont.

2. Si je veux signifier que je suis obligé de prendre une correspondance, je dirai :

   ☐ a. *Ich muss aussteigen.*

   ☐ b. *Ich muss umsteigen.*

   ☐ c. *Ich muss einsteigen.*

Voir la fonction langagière 15 : décrire un itinéraire, demander son chemin, page 133.

TEST 44

1. Quand je dis *"Könnten Sie mir das als Geschenk verpacken?"*, je signifie :

   ☐ a. qu'on doit m'expédier l'achat effectué

☐ b. que je désire un paquet-cadeau

☐ c. que je désire échanger l'achat effectué.

2. Si je veux signifier que « cela me coûte 30 Mark », je dirai :

☐ a. *Das kostet mich 30 Mark.*

☐ b. *Das kostet mir 30 Mark.*

☐ c. *Ich habe 30 Mark bei diesem Kauf gespart.*

Voir la fonction langagière 17 : faire des courses, acheter, payer, page 135.

TEST 45

1. Quand je dis : *"Ich bin satt"*, je signifie :

☐ a. que je n'ai pas aimé

☐ b. que je n'ai plus d'argent

☐ c. que je suis rassasié.

2. Si je veux signifier que « c'est vraiment bon », je dirai :

☐ a. *Ich versuche diese Speise.*

☐ b. *Das schmeckt wirklich prima.*

☐ c. *Es ist mir zuviel.*

Voir la fonction langagière 18 : au café, au restaurant, page 136.

TEST 46

1. Quand je dis *"Ich sehe im Telefonbuch nach"*, je signifie :

☐ a. que je consulte l'annuaire

☐ b. que je cherche l'annuaire

☐ c. que je n'ai pas besoin d'un annuaire.

2. Si je veux signifier que « j'ai été coupé », je dirai :

☐ a. *Die Verbindung ist schlecht.*

☐ b. *Ich bin falsch verbunden.*

☐ c. *Ich bin unterbrochen worden.*

Voir la fonction langanière 19 : téléphoner, page 137.

Test 47

1. Quand je dis : "*Es rauscht in der Leitung*", je signifie :

   ☐ a. La ligne est occupée.

   ☐ b. Il y a de la friture sur la ligne.

   ☐ c. Le numéro a changé.

2. Si je veux signifier que « j'appelle de la part d'un ami », je dirai :

   ☐ a. *Ich möchte einen Freund sprechen.*

   ☐ b. *Ich möchte einen freund erreichen.*

   ☐ c. *Ich rufe im Auftrag eines Freundes an.*

Voir la fonction langagière 19 : téléphoner, page 137.

Test 48

1. Quand je dis "*Ich muss umsteigen*", je signifie :

   ☐ a. que je dois me changer

   ☐ b. que je dois prendre une correspondance

   ☐ c. que je dois déménager.

2. Si je veux signifier que je recherche une station de taxis, je dirai :

   ☐ a. *Können Sie mir ein Taxi rufen ?*

   ☐ b. *Wo gibt es einen Taxistand ?*

   ☐ c. *Soll ich ein Taxi nehmen ?*

Voir la fonction langagière 15 : décrire un itinéraire, demander son chemin, page 133.

Test 49

1. Quand je dis "*Ich sehe mich nur um*", je signifie :

   ☐ a. que je me renseigne sur les prix

   ☐ b. que je veux d'abord essayer

   ☐ c. que je ne fais que regarder.

2. Si je veux signifier que "ça me va bien", je dirai :

☐ a. *Das steht mir gut.*

☐ b. *Das ist zu eng.*

☐ c. *Ich sehe mich nur um.*

Voir la fonction langagière 17 : faire des courses, acheter, payer, page 135.

TEST 50

1. Quand je dis *"Könnten Sie eine Nachricht entgegennehmen?"*, je signifie :

☐ a. que j'aimerais parler à quelqu'un

☐ b. que j'aimerais rappeler plus tard

☐ c. que j'aimerais laisser un message.

2. Si je veux signifier que « je rappelerai demain », je dirai :

☐ a. *Ich rufe morgen zurück.*

☐ b. *Ich rufe ihm noch etwas nach.*

☐ c. *Ich rufe ihn herbei.*

Voir la fonction langagière 19 : téléphoner, page 137.

TEST 51

1. Quand je dis *"Ich bin ein Glückspilz"*, je signifie :

☐ a. que je me suis ennuyé

☐ b. que j'ai de la veine

☐ c. que je n'en peux plus.

2. Si je veux signifier que « je trouve ça complétement idiot », je dirai :

☐ a. *Das gefällt mir nicht.*

☐ b. *Es kommt nicht in Frage.*

☐ c. *Das finde ich ganz blöd.*

Voir la fonction langagière 12 : exprimer ce qu'on ressent, page 131.

TEST 52

1. Quand je dis "*Ich habe Schwierigkeiten*", je signifie :

   ☐ a. que j'ai des problèmes

   ☐ b. que je m'ennuie

   ☐ c. que je suis épuisé.

2. Si je veux signifier que « ça me dégoûte », je dirai :

   ☐ a. *Ich langweile mich.*

   ☐ b. *Ich habe die Nase voll.*

   ☐ c. *Es ekelt mich an.*

Voir la fonction langagière 12 : exprimer ce qu'on ressent, page 131.

TEST 53

1. Quand je dis "*Das wird schon alles wieder gut*", je signifie :

   ☐ a. que tu ne dois pas t'énerver

   ☐ b. que ça s'arrangera

   ☐ c. que tu dois oublier tout ça.

2. Si je veux signifier que « ça commence à bien faire », je dirai :

   ☐ a. *Pass bloß auf!*

   ☐ b. *Lass die Finger davon weg.*

   ☐ c. *Langsam reicht es aber!*

Voir la fonction langagière 11 : avertir, rassurer, page 130.

TEST 54

1. Quand je dis "*Pass auf!*", je veux signifier :

   ☐ a. que tu dois faire attention

   ☐ b. que tu dois te calmer

   ☐ c. que tu ne dois pas t'en faire.

2. Si je veux signifier que « tout va bien maintenant », je dirai :

   ☐ a. *Zerbrich dir nicht mehr den Kopf darüber!*

□ b. *Es ist alles wieder in bester Ordnung.*

□ c. *Nimm es nicht so ernst!*

Voir la fonction langagière 11 : avertir, rassurer, page 130.

TEST 55

1. J'écris la date :

□ a. *Paris, den sieben April.*

□ b. *Paris, den siebten April.*

□ c. *Paris, am siebten April.*

2. Si je veux signifier que j'espère que vous allez bien, je dirai :

□ a. *Vermutlich geht es euch gut.*

□ b. *Wahrscheinlich geht es euch gut.*

□ c. *Hoffentlich geht es euch gut.*

Voir la fonction langagière 20 : écrire une lettre, page 138.

TEST 56

1. Quand je dis que *"Die Rechnung, bitte!"*, je signifie :

□ a. que je désire passer commande

□ b. que je désire payer

□ c. que je désire le menu.

2. Si je veux signifier que « j'ai une faim de loup », je dirai :

□ a. *Ich habe einen Riesendurst.*

□ b. *Ich habe einen Bärenhunger.*

□ c. *Ich lasse die Katze aus dem Sack.*

Voir la fonction langagière 18 : au café, au restaurant, page 136.

TEST 57

1. Quand je dis *"Ich möchte ein Treffen vereinbaren"*, je signifie :

□ a. que j'aimerais prendre rendez-vous

☐ b. que j'aimerais annuler un rendez-vous

☐ c. que j'aimerais repousser un rendez-vous.

2. Si je veux signifier que je consulte mon agenda, je dirai :

    ☐ a. *Ich habe das in meinem Terminkalender übersehen.*

    ☐ b. *Ich sehe in meinem Terminkalender nach.*

    ☐ c. *Ich notiere mir das in den Terminkalender.*

Voir la fonction langagière 21 : prendre rendez-vous, page 139.

TEST 58

1. Quand je dis *"Ich bin mit ihm verabredet"*, je signifie :

    ☐ a. que je prends rendez-vous avec lui

    ☐ b. que j'annule son rendez-vous

    ☐ c. que j'ai rendez-vous avec lui.

2. Si je veux signifier que « cette date me convient », je dirai :

    ☐ a. *Ich verschiebe diesen Termin.*

    ☐ b. *Ich verlege den Termin vor.*

    ☐ c. *Der Termin passt mir.*

Voir la fonction langagière 21 : prendre rendez-vous, page 139.

TEST 59

1. Quand je dis *"bis demnächst!"*, je signifie :

    ☐ a. À demain.

    ☐ b. À tout à l'heure.

    ☐ c. À bientôt.

2. Si je veux signifier que « je suis obligé de partir maintenant », je dirai :

    ☐ a. *Ich möchte jetzt weg.*

    ☐ b. *Ich muss jetzt weg.*

    ☐ c. *Ich will jetzt weg.*

Voir la fonction langagière 9 : prendre congé, page 128.

1. Quand je dis : *"Er hat das Treffen abgesagt"*, je signifie :

☐ a. qu'il a demandé ce rendez-vous

☐ b. qu'il a manqué ce rendez-vous

☐ c. qu'il a annulé ce rendez-vous.

2. Si je veux signifier qu'il m'est impossible de maintenir le rendez-vous fixé, je dirai :

☐ a. *Ich kann den vereinbarten Termin nicht einhalten.*

☐ b. *Ich stimme dem Treffen zu.*

☐ c. *Ich habe mich mit ihm verabredet.*

Voir la fonction langagière 21 : prendre rendez-vous, page 139.

COMMUNIQUER

1. SE PRÉSENTER

Je dis comment je m'appelle :
Ich bin Pierre Durand.
Ich heiße Pierre Durand.
Mein Name ist Pierre Durand.

Je me présente :
Ich stelle mich vor.
Ich freue mich, Sie kennenzulernen.
Je me réjouis de faire votre connaissance.

Je précise qui je suis :
Ich bin Franzose. Je suis français.
Ich komme aus Frankreich, aus Lyon.
Ich bin 15 Jahre alt.
Ich bin am zehnten Mai in Lyon geboren.
... am dreiundzwanzigsten...
Ich bin Schüler auf der Realschule (collège).
.........auf dem Gymnasium (lycée).

Je dis où j'habite :
Ich wohne in der Rhonestraße Nummer 23 in Lyon in Frankreich.
Ich wohne bei meinen Eltern (chez mes parents).
Unsere Telefonnummer ist : 04. 56.78.91.01.
Dire les chiffres un à un : *null, vier, fünf, sechs, etc.*
Meine Eltern haben auch ein Landhaus (maison de campagne).

Je dis avec qui je vis :
Mein Vater heißt Bernard. Er ist Angestellter (employé).
Meine Mutter heißt Marie. Sie ist Sekretärin.
Mein Bruder Clement ist 19 Jahre alt. Er studiert Medizin.
Meine Schwester Céline arbeitet in einem Kaufhaus (grand magasin).
Die Großeltern wohnen in der Umgebung von Lyon (dans les environs de Lyon).
Wir haben zwei Haustiere : einen Hund und eine Katze.

Je précise mes goûts :
Ich lerne gern Mathematik.
Ich lese gern Romane (j'aime lire des romans) *und auch Comics*
(bandes dessinées).
Ich spiele Fußball und Klavier (piano).
Ich sammle (collectionne) *Briefmarken* (timbres).
Einmal im Monat (une fois par mois) *gehe ich ins Kino.*

2. ÉCHANGER VERBALEMENT

Je m'adresse à quelqu'un :
Guten Tag, guten Abend! Hallo!
Entschuldigen Sie, Entschuldigung, Entschuldigen Sie mich. Excusez-moi.
Darf ich stören, ich…? Excusez-moi de vous déranger, je…
Ich denke, ich glaube, ich habe den Eindruck. Je pense, je crois, j'ai l'impression.
Ich danke Ihnen. Je vous remercie.
Ich bin Ihnen dankbar. Je vous suis reconnaissant.
Das ist sehr nett von Ihnen. C'est très gentil à vous.
Auf Wiedersehen, Tschüss!

Je demande de l'aide :
Ich möchte Sie etwas fragen. J'ai quelque chose à vous demander.
Ich möchte gern wissen,… J'aimerais bien savoir…
Können Sie mir sagen,… Pouvez-vous me dire…
Kannst du mir helfen? Peux-tu m'aider ?
Wissen Sie (weißt du) vielleicht, wo…? Savez-vous peut-être, sais-tu, où…
Ich bin hier fremd, ich suche… Je suis étranger ici, je cherche…
Ich kenne mich hier nicht gut aus. Je ne suis pas du tout du coin.
Ich bin verloren, ich habe mich verlaufen. Je suis perdu, je me suis égaré.
Können Sie mir erklären, wie… Pouvez-vous m'expliquer comment…
Kannst du bitte wiederholen? Peux-tu répéter s'il te (vous) plaît ?
Langsamer bitte! Plus lentement s'il te (vous) plaît !
Ja, ich verstehe. Oui, je comprends.

Je suis au téléphone :
Hier Xavier, Guten Tag. Xavier à l'appareil, bonjour.
Xavier am Apparat, ich möchte Herrn Meier sprechen. Xavier à l'appareil, j'aimerais parler à Monsieur Meier.

Können Sie mich mit Herrn Meier verbinden? Pouvez-vous me passer Monsieur Meier?

Ja, einverstanden. Ich rufe gleich zurück. Oui, d'accord, je rappelle tout de suite.

Kann ich eine Nachricht hinterlassen? Puis-je laisser un message ?

Haben Sie einen Anrufbeantworter? Avez-vous un répondeur téléphonique ?

*Rufen Sie bitte **unter** dieser Nummer!* Appelez, s'il vous plaît, à ce numéro.

Im Moment ist Frau Bär nicht zu erreichen. Pour le moment on ne peut pas joindre Madame Bär.

(Auf) Wiederhören! Au revoir (seulement au téléphone).

3. SE SITUER DANS LE TEMPS

Je précise la date :

*Heute ist der 23. Februar = heute haben wir **den** 23. Februar.*

Le point (indispensable) derrière le chiffre indique la marque de l'adjectif ordinal.

Welches Datum haben wir heute?

Welchen Tag haben wir heute?

J'indique le jour, la partie du jour, la saison :

Heute (aujourd'hui) *ist Mittwoch, morgen* (demain) *ist Donnerstag, übermorgen* (après-demain) *ist Freitag.*

Gestern (hier) *war Dienstag, vorgestern* (avant-hier) *war Montag.*

Am Samstag und am Sonntag haben wir frei. Samedi et dimanche nous sommes libres.

Was machen Sie am Samstag? Que faites-vous samedi ?

Am Wochenende fahre ich aufs Land. Je vais à la campagne le week-end.

Am Morgen, am Nachmittag, am Abend… Le matin, l'après-midi, le soir…

J'apporte une précision :

Nächste Woche, nächsten Monat nächstes Jahr. La semaine prochaine, le mois prochain, l'année prochaine.

Letzte Woche, letzten Monat, letztes Jahr. La semaine dernière, le mois dernier, l'année dernière.

Es ist Winter. Nous sommes en hiver.

Bald kommt der Frühling. C'est bientôt le printemps.

Im Sommer ist das Wetter oft schön. En été il fait souvent beau.

Je demande une précision :

Wann fängt der Film an? Quand le film commence-t-il ?
Wie lange dauert er? Combien de temps dure-t-il ?
Bis wann spielt man diesen Film? Jusqu'à quand joue-t-on ce film ?
Wo finde ich die Kasse? Où se trouve la caisse ?
Was kostet eine Karte? Combien coûte une place ?

Je situe chronologiquement :

Zuerst gibt es Salat, dann Fleisch, zum Schluss kommt der Nachtisch. Il y a d'abord de la salade, ensuite de la viande et pour finir un dessert.
Erstens, zweitens, drittens. Premièrement, deuxièmement, troisièmement.

4. SE SITUER DANS L'ESPACE

Je précise le lieu où je me trouve :

Ich bin zu Hause (drinnen), bei Freunden. Je suis à la maison (à l'intérieur), chez des amis.
Ich liege auf dem Sofa, ich sitze vor dem Fernsehen. Je suis (couché) sur le canapé, je suis (assis) devant la télévision.
Ich stehe draußen auf dem Marktplatz vor dem großen Brunnen. Je suis (me tiens) dehors devant la grande fontaine sur la place du marché.
Ich bin bei Hannover, nicht in Hannover, Hannover liegt in Norddeutschland. Je suis près de Hanovre, pas à Hanovre même, Hanovre est en Allemagne du Nord.

Je précise le lieu vers lequel je me rends :

Ich gehe nach Hause, zu Freunden. Je vais à la maison, chez des amis.
Ich lege mich auf das Sofa, ich setze mich vor das Fernsehen. Je me couche sur le canapé, je m'asseois devant la télévision.
Ich fahre nach Hannover. Je vais à Hanovre (moyen de transport).
Ich fliege bald in die Schweiz. Je prends bientôt l'avion pour la Suisse.

J'indique une orientation :

Das Museum steht rechts an der Bushaltestelle. Le musée se trouve à droite à l'arrêt du bus.
Sie müssen noch ein paar Schritte geradeaus gehen. Il vous faut encore faire quelques pas droit devant vous.
Gehen Sie ein paar Meter zurück. Revenez sur vos pas de quelques mètres.
Biegen Sie in der zweiten Straße links. Tournez à gauche à la deuxième rue.

Je localise par rapport à ma situation :

Hier gibt es viele Leute. Il y a beaucoup de monde ici.

Dort ist es ruhiger. Là-bas c'est plus calme.

Unser Freund ist nicht da. Notre ami n'est pas là.

Da drüben sehe ich die Bäckerei. De l'autre côté (de la rue) je vois la boulangerie.

Vor dem Kaufhaus darf man nicht parken. Devant le grand magasin on ne peut stationner.

Hinter dem Gebäude finden Sie den Parkplatz. Vous trouverez le parking derrière le bâtiment.

5. DEMANDER, SE RENSEIGNER

Je demande quelque chose :

Bitte, ich hätte gern eine Cola. J'aimerais bien un coca s'il vous plaît.

Können Sie mir eine Currywurst mit Pommes bringen? Pouvez-vous m'apporter une saucisse au curry avec des frites ?

Und ein Glas Apfelsaft dazu. Avec un verre de jus de pommes (en plus).

Ich möchte ein Stück von diesem Kuchen. J'aimerais un morceau de ce gâteau.

Ich habe Lust nach einem Glas Bier. J'ai envie d'un verre de bière.

Wie schmeckt diese Sauce? Quel goût cette sauce a-t-elle ?

Was kostet das, bitte? Combien cela fait-il, s'il vous plaît ?

Je souhaite obtenir un renseignement :

Können Sie mir bitte sagen, wie… Pouvez-vous me dire s'il vous plaît…

Ich möchte Sie etwas fragen. J'aimerais vous demander quelque chose.

Wissen Sie, wo… Savez-vous où…

Können Sie mir helfen und sagen, ob… Pouvez-vous m'aider et me dire si…

Je demande une direction :

Kann ich Sie nach dem Weg fragen? Puis-je vous demander le chemin ?

Ist das der richtige Weg nach Barmen? Est-ce la bonne route pour Barmen?

Wie kann ich am besten nach Barmen fahren… Quel est le meilleur chemin pour Barmen ?

Ich möchte zur Post. Wie komme ich am schnellsten dahin? Je voudrais me rendre à la poste. Comment y aller le plus rapidement possible ?

À la gare, dans les transports :

Wann fährt der Zug nach Hamburg ab? Auf welchem Bahnsteig? Von welchem Gleis?

Quand part le train pour Hambourg ? Sur quel quai ? De quelle voie ?
Wann kommt der Zug in Köln an? Quand le train arrive-t-il à Cologne ?
Was kostet die Fahrkarte nach Köln? Combien coûte le billet pour Cologne ?
Gibt es eine Studentenermäßigung? Y a-t-il une réduction pour étudiants ?
Was kostet die Hinfahrt? Combien coûte le voyage aller simple ?
Köln hin und zurück zweiter Klasse, bitte. Un aller-retour pour Cologne en
deuxième classe, s'il vous plaît.
Wo ist ich die Bushaltestelle? Die U-Bahnstation? Wo hält die Straßenbahn, bitte?
Où est l'arrêt de Bus ? La station de métro ? Où le tramway s'arrête-t-il ?
Am liebsten fahre ich mit dem Bus, mit der Straßenbahn. Ce qui me plairait le
mieux, c'est d'y aller en bus, en tramway.
Wo kaufe ich meinen Fahrschein? Où puis-je acheter mon ticket ?

Demander ou dire l'heure :
Wieviel Uhr ist es, wie spät ist es? Quelle heure est-il ?
*Es ist drei **Uhr**.* Il est trois heures.
*Es ist Viertel **nach** drei, es ist **halb vier**.* Il est trois heures et quart, il est trois
heures et demie.
*Es ist Viertel **vor** vier.* Il est quatre heures moins le quart.
Es ist früh, es ist spät. Il est tôt, il est tard.
Es tut mir leid, ich weiß nicht, ich habe keine Uhr. Je suis désolé, je ne sais pas,
je n'ai pas de montre.

6. INTERROGER L'AUTRE

Je demande des nouvelles :
Wie geht's? Wie geht es dir, Ihnen? Comment vas-tu ? Comment allez-vous ?
Wie geht es ihm, ihr? Wie geht es deinen Eltern? Comment va-t-il (elle) ?
Comment vont tes parents ?
Wie fühlst du dich? Comment te sens-tu ?
Geht es dir besser? Vas-tu mieux ?
Bist du heute in Form?
Bist du noch müde, krank? Es-tu encore fatigué, malade ?

Je cherche à obtenir des précisions :
Was machst du denn hier? Que fais-tu ici ?
Bist du mit deinen Hausaufgaben fertig? As-tu terminé tes devoirs ?
Hast du deine Lektionen auswendig gelernt? As-tu appris tes leçons par cœur ?
Wann kommst du spielen? Quand viens-tu jouer ?

Darfst du lange draußen bleiben? Bis wann? Peux-tu (as-tu l'autorisation de rester dehors) longtemps ? Jusqu'à quand ?

Weißt du, wie lange der Film dauert? Sais-tu combien de temps dure le film ?

Welchen Film hast du dir letzlich angesehen? Quel film as-tu vu dernièrement ?

Was kostet eine Theaterkarte? Que coûte une place de théâtre ?

Hast du genug Geld bei dir? As-tu assez d'argent sur toi ?

Wieviel Taschengeld bekommst du von deinen Eltern? Combien d'argent de poche te donnent tes parents ?

Gibst du viel Geld aus oder sparst du? Dépenses-tu beaucoup d'argent ou fais-tu des économies ?

Was kaufst du dir gern? Qu'aimes-tu t'acheter ?

Ich will nicht neugierig sein, aber… Je ne veux pas être curieux, mais…

Bist du mit jemand verabredet? Mit wem? Um wieviel Uhr? As-tu rendez-vous avec quelqu'un ? Avec qui ? À quelle heure ?

Fährst du mit dem Bus nach Hause? Tu rentres chez toi en bus ?

Welches ist dein Hobby? Quel est ton passe-temps préféré ?

Siehst du heute abend fern? Welches Programm? Tu regardes la télé ce soir ? Quelle chaîne ?

Welches ist deine Lieblingssendung? Quelle est ton émission préférée ?

Spielst du ein Musikinstrument? Joues-tu d'un instrument de musique ?

Treibst du Sport? Fais-tu du sport ? *Fährst du Rad?* Fais-tu du vélo ?

Wie oft gehst du ins Schwimmbad? Tu vas tous les combien à la piscine ?

7. ACCEPTER, REMERCIER, REFUSER

1. Accepter

J'exprime mon accord :

Wie schön, wie gut! Comme c'est bien !

Das freut mich sehr. Cela me réjouit.

Ich bin einverstanden. Je suis d'accord.

Ja, ich nehme das gern an, ich sage nicht nein, ich lehne nicht ab. Oui, j'accepte volontiers, je ne dis pas non, je ne refuse pas.

Ich mache gern mit. Je participe volontiers.

Mit Vergnügen! Avec plaisir !

Abgemacht! Marché conclu !

Alles in Ordnung! C'est O.K., ça marche !

Prima! Super! C'est super !

Ich habe nichts einzuwenden. Je n'ai rien à redire.

Je remercie :

Vielen Dank! Danke sehr! Ich danke dir, Ihnen sehr. Merci beaucoup, merci bien ! Je te (vous) remercie beaucoup..

Das ist aber nett von dir, von Ihnen. C'est gentil de ta (votre) part.

Das habe ich gar nicht erwartet. Je ne m'y attendais pas du tout.

Ich bin dir (Ihnen) sehr dankbar. Je te (vous) suis très reconnaissant(e).

2. Refuser.

Je décline l'offre :

Nein, danke, es geht nicht, ich kann nicht, es ist nicht möglich, es tut mir leid. Non merci, cela ne va pas, je ne peux pas, ce n'est pas possible, je regrette.

Das ist nett, aber… C'est gentil, mais…

Ich muss mir das überlegen. Il faut que j'y réfléchisse.

Es kommt nicht in Frage. Il n'en est pas question.

Ich weigere mich… Je refuse…

Ich lehne… ab. Je décline…

Ich muss absagen. Je dois me décommander.

Ich kann nichts anderes tun. Je ne peux rien faire d'autre.

8. FÉLICITER

Je formule des souhaits :

Ich wünsche dir (Ihnen) alles Gute! Je te (vous) souhaite bonne chance.

Gratuliere! Je te (vous) félicite !

Ich drücke dir den Daumen (forme idiomatique). Je te souhaite bonne chance (= je te serre le pouce).

Ich gratuliere dir (Ihnen) zum Geburtstag. Je te (vous) souhaite un bon anniversaire.

Je complimente :

Kann ich Ihnen (dir) ein Kompliment machen? Puis-je vous (te) faire un compliment ?

Das haben Sie (hast du) verdient! Vous l'avez (tu l'as) bien mérité !

Ich finde das toll, wunderbar! Je trouve cela extra, merveilleux !

Toll, sag' ich dir. Je te dis que c'est extra !

Echt super! Vraiment classe !

Das hast du prima gemacht! Tu as fait cela comme un chef !

Das schmeckt ja prima! C'est excellent (au goût).

Das riecht gut. Cela sent bon.

Du hast wirklich einen guten Geschmack. Tu as vraiment bon goût.

Je donne mon avis personnel :

Es ist nicht mein Bier, aber…	Ce ne sont pas mes oignons, mais…
Das sieht gut aus.	Cela a l'air bien.
Diese Jacke passt dir gut.	Cette veste te va bien.
Das gefällt mir sehr.	Cela me plaît beaucoup.
Es läuft wie am Schnürchen.	Cela marche comme sur des roulettes.
Ich bin damit sehr zufrieden.	J'en suis très satisfait.
Ich meine…	Je veux dire…
Meiner Meinung nach…	À mon avis…
Es scheint mir, dass…	Il me semble que…
Ich habe den Eindruck, dass…	J'ai l'impression que…
Ich bin enttäuscht gewesen.	J'ai été déçu.
Ich kann das nicht empfehlen.	Je ne peux pas recommander cela.

9. Prendre congé

Je prends congé :

Jetzt muss ich gehen / Jetzt muss ich weg. Il faut que je parte maintenant.

Leider muss ich mich jetzt verabschieden. Je suis au regret de devoir prendre congé.

Danke für die Einladung. Merci pour l'invitation.

Ich bin Ihnen unendlich dankbar. Je vous remercie infiniment.

Auf Wiedersehen! Tschüss! Au revoir ! Salut !

Bis morgen, bis Samstag, bis nächste Woche. À demain, à samedi, à la semaine prochaine.

Bis bald, bis demnächst. À bientôt, à un de ces jours.

Hoffentlich sehen wir uns bald wieder! J'espère que nous nous reverrons bientôt !

J'adresse mes salutations :

Viele Grüße an deine Eltern! Transmets mon salut amical à tes parents.

Einen schönen Gruß an deine Mutter, an deinen Vater! Salue bien ta mère, ton père pour moi.

Gib den Kindern einen Kuss von mir! Embrasse les enfants pour moi !

Je fais des recommandations amicales :
Mach's gut! Porte-toi bien !
Alles Gute! Que tout se passe bien ! Bonne chance !
Sei vorsichtig! Sois prudent !
Lass von dir hören! Donne de tes nouvelles !
Schreib mal oder ruf an! Écris ou téléphone !
Gib Zeichen! Fais signe !

10. CONSEILLER, PRÉFÉRER, DONNER SON AVIS

Conseiller :
Ich rate dir, dieses Buch zu lesen. Je te conseille de lire ce livre.
Attention : *raten* est un verbe fort *(riet, geraten)* dont le présent est parti-
culier : *ich rate, du **rätst**, er **rät**, wir raten, ihr ratet, sie raten.*
Sie gibt uns gute Ratschläge. Elle nous donne de bons conseils.
Ich empfehle dir dieses Restaurant. Je te recommande ce restaurant.
(empfehlen, empfahl, empfohlen ; er empfiehlt)
An deiner Stelle würde ich mir diesen Film ansehen. À ta place, j'irais voir ce film.

Préférer s'exprime :
• par le comparatif de *gern* : *lieber.*
Ich bleibe lieber zu Hause. Je préfère rester à la maison.
Ich schwimme hundertmal lieber. Je préfère cent fois mieux nager.
• avec le verbe *gefallen* (plaire) et le comparatif de supériorité de *gut, besser* :
Chemie gefällt mir besser als Physik. Je préfère la chimie à la physique.
• avec le verbe *vorziehen : Ich ziehe es vor, ins Schwimmbad zu gehen.* Je préfère aller à la piscine.
• avec le verbe *bevorzugen : Von allen Sportarten bevorzuge ich Rugby.* Parmi
tous les sports, c'est le rugby que je préfère.
• avec le mot *Lieblings-* (favori, préféré) : *Mein Lieblingscomic ist Tim und
Struppi.* Ma BD préférée est *Tintin.*
• avec l'expression *nichts geht über + acc. : Seiner Meinung nach geht nichts
über Rugby.* À son avis, rien ne dépasse le rugby.

Donner son avis :
Ich bin der Meinung / der Ansicht, dass... Je suis d'avis que...
Ich denke / glaube / finde / behaupte /meine, dass... Je pense / crois / trouve /
affirme / veux dire que...

Ich habe das Gefühl / den Eindruck, dass... J'ai le sentiment / l'impression que...

Offengestanden, es ist mir egal. Franchement, ça m'est égal.

Ich habe nichts hinzuzufügen. Je n'ai rien à ajouter.

Ich teile ganz und gar seine Meinung. Je partage pleinement son avis.

Er ist von den Socken. Il en est baba.

Tipp, topp! Impec!

Spitze, klasse, prima, ganz gut, ausgezeichnet, bravo. Très bien, super ...

Ich bin einverstanden. Je suis d'accord.

Abgemacht! D'accord.

Das kommt nicht in Frage. Il n'en est pas question.

11. AVERTIR, RASSURER

Pour avertir, je peux employer :

• des exclamations brèves :

Vorsicht! Achtung! Attention !

Augen auf! Ouvre (ouvrez) l'œil !

Zuviel ist zuviel! Trop, c'est trop !

Schon wieder diese Nervensägen! Encore ces casse-pieds !

• des impératifs :

Pass auf! Fais attention.

Pass bloß auf, wenn ich dich kriege! Attends un peu que je t'attrape !

Verschwinde, das wird brenzlig. Tire-toi, ça sent le roussi.

Lass die Finger davon weg! Ne t'en mêle pas, n'y touche pas.

• des verbes comme *reichen* (suffire) ou *warnen* (avertir) :

Vor Taschendieben wird gewarnt. Attention aux pickpockets.

Langsam reicht es aber! Ça commence à bien faire !

Jetzt reicht es! Ça suffit maintenant !

Pour rassurer, je peux employer :

• des exclamations brèves :

Nur keine Angst! Nur keine Panik! N'aie pas peur ! Ne panique(z) pas !

Immer mit der Ruhe! Ruhe bitte! Calme-toi !

Kopf hoch! Courage ! Haut les cœurs !

• des impératifs :

Zerbrich dir nicht mehr den Kopf darüber! Ne te casse plus la tête à ce sujet !

Nimm es nicht so ernst! Ne prends pas la chose tant au sérieux ! Ne t'en fais pas !

Lass den Kopf nicht hängen! Ne te fais pas de bile !

• et :

Es ist alles wieder in bester Ordnung. Tout va bien maintenant.

Das wird schon alles wieder gut! Ça s'arrangera !

12. EXPRIMER CE QU'ON RESSENT

J'exprime un contentement :

Toll! Super! Klasse! Spitze! Prima! Super !

Ich freue mich über deinen Erfolg. Je me réjouis de ton succès.

Es macht mir Spaß, an die See zu fahren. Ça me fait plaisir d'aller au bord de la mer.

Der Film gefällt mir. Ich finde ihn interessant. Le film me plaît. Je le trouve intéressant.

Ich gehe gern ins Kino. J'aime aller au cinéma.

Es ist mir gut. Ich fühle mich wohl. Je me sens bien.

Ich bin ein Glückspilz. J'ai de la veine.

Ich bin wunschlos glücklich. Je suis comblé.

J'exprime un mécontentement :

Wie schade! Quel dommage !

Verdammter Mist! Oh ! zut !

Was für eine Landplage! Quelle plaie !

Schon wieder diese Nervensägen! Encore ces casse-pieds !

Ich bin enttäuscht, traurig. Je suis déçu, triste.

Ich bin völlig fertig. Je n'en peux plus.

Das finde ich ganz blöd! Je trouve ça complétement idiot.

Das gefällt mir nicht. Ça ne me plaît pas.

Ich finde das unmöglich. Je trouve ça inadmissible.

Das geht nicht. Ça ne va pas.

Es kommt nicht in Frage. Il n'en est pas question.

Er fällt mir auf die Nerven. Er nervt mich. Il m'énerve.

Ich habe die Nase voll. J'en ai plein le dos.

Das ist ekelhaft. C'est écœurant.

Es ekelt mich an. Ça me dégoûte.

Ich langweile mich. Je m'ennuie.

Ich habe keine Lust, jeden Tag zu arbeiten.
Je n'ai pas envie de travailler tous les jours.

Ich habe Probleme, Schwierigkeiten. J'ai des problèmes.

Ich bin besorgt, Ich mache mir Sorgen. J'ai des soucis.

13. S'INTERROGER, DOUTER, EXPRIMER UNE HYPOTHÈSE

Je m'interroge :

Ich frage mich, ob er Deutsch kann. Je me demande s'il parle allemand.

Vielleicht / vermutlich kann er Deutsch. Peut-être parle-t-il allemand.

Ich möchte gern wissen, ob er Deutsch kann. J'aimerais bien savoir s'il parle allemand.

Woher soll ich das wissen? Wer weiß es? Comment le savoir ? Qui le sait ?

Ich stelle mir noch eine Menge Fragen. Je me pose une foule de questions.

Ist es möglich, dass du Recht hast? Est-il possible que tu aies raison ?

Um was wettest du? Qu'est-ce-que tu paries ?

Je doute :

Ich frage mich, ob er morgen kommt. Je me demande s'il viendra demain.

Ich weiß nicht / Es ist schwer zu sagen, ob es möglich ist. Je ne sais pas / Il est difficile de dire si cela sera possible.

Man kann nie wissen, was geschehen mag. On ne peut jamais savoir ce qui peut arriver.

Ich kann noch nicht sagen, ob ich ihn besuchen darf. Je ne sais pas encore si j'aurai le droit de lui rendre visite.

Ich bin nicht sicher der Zustimmung (génitif) *meiner Mutter.* Je ne suis pas sûr que ma mère soit d'accord.

Es ist mehr als zweifelhaft. C'est plus que douteux.

Es wäre gut möglich, dass er in Spanien bleibt. Il se pourrait fort bien qu'il reste en Espagne.

J'exprime une hypothèse :

Es kann sein, dass er morgen kommt. Il se peut qu'il vienne demain.

Vielleicht / vermutlich kommt er morgen. Peut-être viendra-t-il demain.

Ich glaube, dass er morgen kommen soll. Je crois qu'il doit venir demain.

Es ist möglich, dass er morgen kommt. Il est possible qu'il vienne demain.

Er wird heute wahrscheinlich kommen. Il viendra vraisemblablement aujourd'hui.

14. POSSÉDER, PERDRE

La possession peut s'exprimer par :

• un adjectif possessif : *Es ist mein Comicheft.* C'est ma BD.

• un pronom possessif : *Ich habe meinen Fahrschein. Hast du deinen?* J'ai mon billet. As-tu le tien ?

• un verbe : *Ich habe hundert Mark in meiner Sparbüchse.* J'ai cent Mark dans ma tirelire.

Diese Bücher gehören mir. Ces livres m'appartiennent.

Meine Großeltern besitzen eine Villa am Meer. Mes grands-parents possèdent une villa au bord de la mer.

Attention : *besitzen* est un verbe fort dont le prétérit est *besaß* et le participe passé *besessen*.

La perte peut s'exprimer par des verbes :

Ich finde meine Brille nicht mehr. Je ne trouve plus mes lunettes.

Hoffentlich habe ich sie nicht verloren. J'espère ne pas les avoir perdues.

Ich vergesse überall etwas. J'oublie tout partout.

Ich habe einen leeren Kopf. Je n'ai pas de tête.

Ich erinnere mich nicht mehr daran. Je ne m'en souviens plus.

Der Lehrer hat den Walkman meines Bruders weggenommen. Le professeur a confisqué le walkman de mon frère.

Attention :   – *finden, verlieren, vergessen* sont des verbes forts :
               – *finden, fand, gefunden* ;
               – *verlieren, verlor, verloren* ;
               – *vergessen, vergaß, vergessen.*

15. DÉCRIRE UN ITINÉRAIRE, DEMANDER SON CHEMIN

Décrire un itinéraire :

Ich brauche einen Stadtplan. J'ai besoin d'un plan de la ville.

Ich gehe geradeaus. Je vais tout droit.

Ich biege links / rechts ab. Je tourne à gauche / à droite.

Geh geradeaus und nimm die dritte Straße links / rechts! Va tout droit et prends la troisième rue sur ta gauche / ta droite !

Ich gehe über die Straße / den Platz / die Brücke. Je traverse la rue / la place / le pont.

Wir fahren durch den Tunnel hindurch. Nous traversons le tunnel.

Ich gehe (fahre, laufe) an der Bank vorbei. Je passe (en voiture par exemple, en courant) devant la banque.

Ich gehe am Fluss entlang. Je longe la rivière.

Man darf in diese Straße nicht einfahren. Cette rue est en sens interdit.

Ich wohne in der Nähe des Bahnhofs. J'habite à proximité de la gare.

Mein Haus liegt gegenüber dem Bahnhof. Ma maison se trouve en face de la gare.

Die Buchhandlung befindet sich am Marienplatz. La librairie se trouve sur la Marienplatz.

Ich glaube, wir gehen in die falsche Richtung. Je crois que nous nous sommes trompés de chemin.

Je demande mon chemin :

Ich bitte Sie um Entschuldigung, können Sie mir sagen, wie ich zum Bahnhof / zum Rathaus / zum Postamt / zum Verkehrsamt... komme? Je vous prie de m'excuser, pouvez-vous me dire comment aller à la gare / à la mairie / à la poste / à l'Office du tourisme ... ?

Wissen Sie, wo das Kunsthistorische Museum ist? Savez-vous où se trouve le musée d'histoire de l'Art ?

Könnten Sie es mir auf dem Stadtplan zeigen? Pourriez-vous me le montrer sur le plan ?

Wissen Sie, ob es eine direkte U-Bahnverbindung zu diesem Museum gibt? Savez-vous s'il y a un métro direct pour aller à ce musée ?

Muss ich umsteigen? Suis-je obligé de changer (de prendre une correspondance) ?

Könnten Sie mir bitte sagen, ob die Linie 13 hier vorbeikommt? Pourriez-vous me dire s'il vous plaît si la ligne 13 passe ici ?

Welche Linie fährt zum Museum? Quelle ligne conduit au musée ?

Wo gibt es in der Nähe einen Taxistand / eine Telefonzelle? Où y a-t-il près d'ici une station de taxis / une cabine téléphonique ?

Wo ist die nächste Apotheke / die nächste Bank? Où se trouve la pharmacie la plus proche / la banque la plus proche ?

Wie weit ist es von hier? Est-ce loin d'ici ?

Ist es noch weit bis zum Stadtzentrum? Le centre ville est-il encore loin ?

Welches ist der kürzeste Weg zur Jugendherberge? Quel est le chemin le plus court pour aller à l'auberge de jeunesse ?

Wie oft kommt eine Straßenbahn? À quelle fréquence passent les tramways ?

16. EXPRIMER L'ÉLOIGNEMENT, LE RAPPROCHEMENT

Les adverbes directionnels **hin** et **her** servent à indiquer le déplacement d'une personne par rapport à celui qui parle.

Hin exprime l'éloignement :

Geh mal hin! Vas-y donc ! (Il s'éloigne de moi.)

Geh hinaus! Sors ! (Je reste à l'intérieur.)

Geh hinunter! Descends ! (Je reste en haut.)
Geh hinauf! Monte ! (Je reste en bas.)
Geh hinein! (Je reste dehors.)

Her exprime le rapprochement :

Komm her! Viens ! (Il s'approche de moi.)
Gib her! Donne !
Schaut alle her! Regardez-moi tous !
Herein! Entre ! Entrez ! (Je suis à l'intérieur.)
Komm herauf! Monte ! (Je t'attends en haut.)
Komm herunter! Descends ! (Je t'attends en bas.)
Komm heraus! Sors ! (Je t'attends dehors.)

17. FAIRE DES COURSES, ACHETER, PAYER

Faire des courses :

Ich gehe einkaufen. Je vais faire des courses.
Ich mache Einkäufe. Je fais des courses.
Ich gehe in den Supermarkt, auf den Markt, zum Metzger, in die Bäckerei...
Je vais au supermarché, au marché, chez le charcutier, à la boulangerie...
Ich möchte, ich hätte gern... Je voudrais...
Könnten Sie mir bitte... zeigen? Pourriez-vous me montrer s'il vous plaît... ?
Kann ich... anprobieren? Puis-je essayer... ?
Wo sind die Umkleidekabinen? Où sont les cabines d'essayage ?
Das ist zu teuer, zu groß, zu klein, zu eng, zu lang, zu kurz... C'est trop cher,
trop grand, trop petit, trop serré, trop long, trop court...
Ich sehe mich nur um. Je ne fais que regarder.

Acheter :

Könnten Sie mir bitte helfen? Pourriez-vous m'aider s'il vous plaît ?
Wieviel kostet das? Combien cela coûte-t-il ?
Haben Sie etwas Billigeres? Avez-vous quelque chose de moins cher ?
Das steht mir gut. Cela me va bien.
Das gefällt mir. Cela me plaît.
Ist das im Preis herabgesetzt? Est-ce soldé ?
Kann ich umtauschen? Puis-je échanger ?
Könnten Sie mir das als Geschenk verpacken? Pourriez-vous me faire un
paquet-cadeau ?
Das hat mich 200 DM gekostet. Cela m'a coûté 200 DM.
Attention : *kosten* se construit avec un double accusatif : *mich* et *200 DM*.

Payer :

Ich gehe an die Kasse. Je vais à la caisse.

Die Rechnung beläuft sich auf 200 DM. La facture s'élève à 200 DM.

Könnten Sie eine Rechnung ausstellen? Pourriez-vous établir une facture ?

Akzeptieren Sie Reisescheckcks? Kreditkarten? Acceptez-vous des chèques de voyage ? Des cartes de crédit ?

Ich (be)zahle das (in) bar. Je paie en liquide.

Haben Sie Kleingeld? Avez-vous de la monnaie ?

Schreiben Sie mir bitte den Preis auf! Écrivez-moi le prix s'il vous plaît !

18. S'EXPRIMER AU CAFÉ, AU RESTAURANT

Au café

Ist dieser Tisch noch frei?	Est-ce-que cette table est libre ?
Was darf es sein?	Que voulez-vous prendre ?
Ich hätte gern eine Cola.	Je prendrais bien un coca.
Ich habe einen Riesendurst.	J'ai une soif de pendu.
Ich möchte ein kleines Bier.	J'aimerais (prendre) une bière.
Ich nehme eine Flasche Mineralwasser.	Je prends une bouteille d'eau minérale.
Ich nehme schwarzen Kaffee.	Je prends un café noir.
Ich hätte gern schwarzen Tee.	Je prendrais volontiers du thé.
Mit Milch, ohne Zitrone.	Avec du lait, sans citron.
Ich nehme keinen Zucker.	Je ne prends pas de sucre.
Bringen Sie mir bitte auch einen Kuchen und ein Eis.	Apportez-moi également un gâteau et une glace, s'il vous plaît.
Ich möchte zahlen!	La note s'il vous plaît !

Au restaurant

Guten Tag! kommen Sie bitte mit!	Bonjour, par ici, s'il vous plaît !
Herr Ober, bitte, Fräulein, bitte!	Garçon ! (*Fräulein* s'il s'agit d'une serveuse).
Ich möchte... bestellen.	J'aimerais commander...
Was empfehlen Sie mir?	Que me recommandez-vous ?
Ich habe einen Bärenhunger.	J'ai une faim de loup.
Ich habe Lust auf Hähnchen.	J'ai envie de poulet.
Ich möchte grünen Salat dazu.	Et avec, j'aimerais une salade verte.
Ich versuche diese Speise.	Je vais essayer ce plat.
Ich nehme keine Vorspeise.	Je ne prends pas d'entrée.

Was haben Sie als Nachtisch?	Qu'avez-vous comme dessert ?
Guten Appetit!	Bon appétit !
Darf ich Salz, Pfeffer und Senf haben?	Puis-je avoir du sel, du poivre, de la moutarde ?
Das schmeckt bestimmt gut!	Cela est certainement très bon !
Das schmeckt mir nicht.	Je n'aime pas cela.
Das schmeckt wirklich prima.	C'est vraiment très bon.
Es hat mir nicht geschmeckt.	Je n'ai pas aimé (le plat, le repas).
Es ist mir zuviel.	C'est trop (pour moi).
Ich habe keinen Hunger mehr : ich bin satt.	Je n'ai plus faim, je suis rassasié.
Die Rechnung, bitte!	L'addition, s'il vous plaît !

19. TÉLÉPHONER

Ich will eine Freundin anrufen. Je veux appeler une amie.
Ihre Nummer hat sich geändert. Elle a changé de numéro.
Ich sehe im Telefonbuch nach. Je consulte l'annuaire.
Ich wähle die Nummer. Je fais le numéro.

Es meldet sich niemand (personne ne répond) :
Ich bin falsch verbunden. J'ai fait un faux numéro.
Die Verbindung ist schlecht. La liaison est mauvaise.
Die Leitung ist besetzt. La ligne est occupée.
Da ist so viel Nebengeräusch / Es rauscht in der Leitung. Il y a de la friture sur la ligne.
Ich bin unterbrochen worden. J'ai été coupé.

Mein Gesprächspartner antwortet (mon correspondant répond) :
Guten Tag! Mein Name ist Frau Thurnher, ich buchstabiere... Bonjour ! Madame Thurnher à l'appareil, j'épelle...
Ich rufe im Auftrag von Anton an. J'appelle de la part d'Anton.
Ich möchte Herrn Maurer sprechen. J'aimerais parler à Monsieur Maurer.
(*Sprechen* se construit avec l'accusatif quand on désire parler à quelqu'un. Ici *Herrn Maurer* est un accusatif).
Könnten Sie mich bitte mit Herrn Maurer verbinden? Pourriez-vous me passer Monsieur Maurer, s'il vous plaît ?
Ich bin froh, dass ich ihn erreichen kann. Je suis content de pouvoir le joindre.

Ich hinterlasse eine Nachricht (je laisse un message) :

Könnten Sie Frau Müller eine Nachricht übermitteln? Pourriez-vous transmettre un message à Madame Müller ?

Könnten Sie eine Nachricht annehmen / entgegennehmen? Pourriez-vous prendre un message ?

Kann ich morgen zurückrufen? Puis-je rappeler demain ?

Auf Wiederhören! Au revoir !

Du verfügst über einen Anrufbeantworter (tu disposes d'un répondeur) :

Was kannst du dann hören, wenn niemand abhebt? (Que peux-tu entendre quand personne ne décroche ?) :

• *Ich bin im Moment nicht erreichbar. Sprechen Sie bitte nach dem Piepton auf den Anrufbeantworter!* (On ne peut pas me joindre pour l'instant. Parlez après le bip sonore s'il vous plaît.)

• *Hallo! Ich bin im Moment nicht zu Hause. Aber wenn Sie nach dem Piep Ihren Namen und Ihre Nummer hinterlassen, rufe ich Sie an, sobald ich kann. Danke! Bis bald!* (Bonjour ! Je ne suis pas à la maison pour l'instant. Mais laissez-moi vos coordonnées et je vous appelerai dès mon retour. Merci ! À bientôt !)

• *Hallo! Wir sind im Moment nicht da. Aber hinterlassen Sie Ihre Nachricht!* (Bonjour ! Nous sommes absents pour l'instant. Mais laissez votre message !)

20. ÉCRIRE UNE LETTRE

Écrire la date :

Lyon, den 27. Februar 1999 (ne pas oublier le point qui marque l'ordinal).

Écrire un en-tête :
a) familier

Lieber Hans, Liebe Suzanne	Cher Hans, chère Suzanne
Liebe Familie Meier, Liebe Eltern	Chère famille Meier, chers parents
Hallo Karl! Hallo Sigrid!	Salut Karl ! Salut Sigrid !

b) officiel

Sehr geehrter Herr Müller	Cher Monsieur Müller
Sehr geehrte Frau Müller	Chère Madame Müller
Sehr geehrte Damen und Herren,	Mesdames et Messieurs

Le corps de la lettre :

Ich danke dir für deinen Brief.	Je te remercie de ta lettre.
Ich bin schreibfaul, Du weißt das.	Je n'écris pas facilement, tu le sais.
Deine Post hat mich gefreut.	Ton courrier m'a fait plaisir.
Ich will dir jetzt antworten.	Je veux te répondre à présent.
Ach, weißt du, ich…	Ah, tu sais, je…
Stell dir vor,…	Imagine que…
Gestern habe ich zufällig…	Hier, par hasard, j'ai…
Ich freue mich darüber, dass…	Je me réjouis que…
Es ist mir eine große Freude,…	C'est une grande joie pour moi…
Ich habe etwas Tolles erlebt.	J'ai vécu quelque chose de super.
Glaube mir,…	Crois-moi,…
Was gibt es Neues bei dir?	Qu'y a-t-il de neuf de ton côté ?
Schreibe mir bald wieder!	Écris-moi à nouveau bientôt !

La fin de la lettre :

Hoffentlich geht es euch allen gut.	J'espère que vous allez tous bien.
Grüße bitte deine Eltern von mir.	Salue, tes parents de ma part, s'il te plaît.
Viele Grüße an dich, an alle.	Mes meilleures salutations (à toi), à tous.
Mit herzlichen Grüßen.	Avec mes salutations cordiales.

De manière plus formelle :

Hochachtungsvoll. Respectueusement.

21. PRENDRE RENDEZ-VOUS

- *Der Termin / das Treffen / die Verabredung.* Le rendez-vous.
  Das Rendez-vous. Le rendez-vous (amoureux).
  Können wir einen Termin vereinbaren? Pouvons-nous prendre rendez-vous ?
  Ich möchte ein Treffen vereinbaren. J'aimerais prendre rendez-vous.
  Kann ich eine Verabredung treffen? Puis-je prendre rendez-vous ?
  Ich kann mich morgen mit euch treffen. Je peux vous voir demain.
- *Er hat einem Treffen zugestimmt.* Il a accordé un rendez-vous.
  Er hat das Treffen abgesagt. Il a annulé le rendez-vous.
  Es tut ihm leid, den vereinbarten Termin nicht einhalten zu können. Il est désolé de ne pouvoir maintenir le rendez-vous fixé.

- *Ich lasse mir beim Tierarzt einen Termin geben.* Je prends rendez-vous chez le vétérinaire.

  Ich habe beim Zahnarzt einen Termin. J'ai rendez-vous chez le dentiste.
- *Ich bin mit Sabine um 16Uhr verabredet.* J'ai rendez-vous à 16 heures avec Sabine.

  Können wir uns zum Mittagessen verabreden? Pouvons-nous nous retrouver pour le déjeuner ?

  Welcher Tag würde dir passen? Quel jour te conviendrait ?

  Wie wäre es mit nächstem Samstag um 12? Que dis-tu de samedi prochain à midi ?

  Ich sehe in meinem Terminkalender nach. Je regarde mon agenda.

  Ich notiere mir das in den Kalender. Je le marque dans mon agenda.

CORRIGÉS DES EXERCICES

▌ FICHE 1, page 11

Exercice 1 : 1. Pouvoir aller au cinéma le dimanche – 2. Conduire l'hiver sans pneus neige – 3. Être assis tous les soirs devant la télévision – 4. Recevoir parfois un appel (téléphonique) d'Allemagne – 5. Écrire régulièrement des lettres à mon amie en Belgique – 6. Fêter toujours les bonnes notes avec de la bière – 7. Ne pas vouloir apprendre le nom des Länder allemands par cœur – 8. Ne pas rester dehors allongé au soleil très longtemps (prendre un bain de soleil) – 9. Découvrir avec plaisir la grammaire allemande – 10. Être toujours forcé d'attendre le mécanicien trop longtemps.

Exercice 2 : 1. Mit dem Bus in die Schule fahren – 2. In der Pause sein Butterbrot essen – 3. Lange mit seiner Freundin telefonieren – 4. Früh am Morgen aufstehen müssen – 5. Deiner Mutter am Sonntag Blumen schenken – 6. Einen zu langen Text nicht übersetzen wollen – 7. Mit guten Freunden nach Berlin fahren – 8. Den Hund nach dem Abendessen spazieren – 9. Freunde bei den Großeltern übers Wochenende einladen – 10. Sich für die Zukunft der Schulaustausche interessieren.

Exercice 3 : 1. Der Arbeitstisch (le bureau) – 2. Das Abendessen (le dîner) – 3. Das Butterbrot (le sandwich) – 4. Die Sonnenbrille (les lunettes de soleil) – 5. Der Blumentopf (le pot de fleurs) – 6. Der Regenmantel (l'imperméable) – 7. Das Geschenkpapier (le papier cadeau) – 8. Der Musiklehrer (le professeur de musique) – 9. Die Hausfrau (la femme au foyer) – 10. Die Theaterkarte (le billet de théâtre).

▌ FICHE 2, page 13

Exercice 1 : 1. aller toujours se coucher tardivement – 2. se préparer à la fête – 3. danser toute la nuit avec des amis – 4. faire un tour en voiture sur les bords du Rhin – 5. traduire un texte allemand – 6. recevoir une bonne nouvelle de Berlin – 7. rêver d'une mer chaude – 8. aller au lycée en tramway – 9. vouloir manger des mirabelles – 10. ne pas pouvoir ouvrir la fenêtre.

Exercice 2 : 1. en 2 = interrogative partielle – 2. en 1 = interrogative globale – 3. en 1 = impérative – 4. en 2 = la place 1 est prise par *morgen* – 5. en 2 = la place 1 est prise par *wahrscheinlich* – 6. en 2 = énonciative – 7. en 2 = interrogative partielle. – 8. en 2 = interrogative partielle – 9. en 2 = énonciative – 10. en 1 = impérative.

▌ FICHE 3, page 15

Exercice 1 : 1. parce qu'il veut gagner plus d'argent – 2. parce qu'elle a un peu de temps libre – 3. quand le chat n'est pas là – 4. parce que tu veux tout (avoir) immédiatement – 5. que je dois encore lire trois pages. – 6. comme il ne t'écrit plus – 7. parce que nous sommes toujours seuls – 8. que le chien aboie trop fort – 9. s'il vient demain chez nous – 10. s'il vient à Berlin.

Exercice 2 : 1. Wenn er Zeit hat, kommt er – 2. Da sein Telefon kaputt ist, kann er uns nicht anrufen, – 3. Wenn er draußen turnen kann, freut er sich immer, – 4. Wenn er eine deutsche Zeitung liest, übersetzt er alles – 5. Da sie den Schlüssel verloren hat, muß sie vor der Haustür warten.

▌ FICHE 4, page 17

Exercice 1 : 1. Sie muss ihren Koffer zum Bahnhof tragen – 2. Die Kinder spielen gern Tennis in diesem Sportverein – 3. Hast du deiner Großmutter Blumen gegeben? – 4. Er kauft Brot in dieser Bäckerei – 5. Der Briefträger hat Angst vor dem bissigen Hund der Nachbarn.

Exercice 2 : Bring Sabine Comics und Blumen – Gib ihr auch Orangen – Dann fahr schnell mit der Straßenbahn nach Hause.

Exercice 3 : 1. morgen zu seinem/ihrem Onkel gehen – 2. jeden Tag Sport treiben – 3. lange auf den Bus warten – 4. einen Freund im Supermarkt treffen – 5. hier seit sechs Jahren wohnen – 6. immer sehr lange schlafen – 7. seine Aufgaben nicht vergessen.
L'infinitif en allemand occupe contraire-ment au français, la dernière place.

Exercice 4 : 1. Mein Bruder geht morgen zu seinem Onkel – 2. Mein Bruder treibt jeden Tag Sport – 3. Mein Bruder wartet lange auf den Bus – 4. Mein Bruder trifft einen Freund im Supermarkt – 5. Mein Bruder wohnt hier seit sechs Jahren – 6. Mein Bruder schläft immer lange – 7. Mein Bruder vergisst seine Aufgaben nicht.
Seul le verbe a changé de place.

▌ FICHE 5, page 19

Exercice 1 : 1.Place 2 – 2. Place 2 – 3. Place 1 – 4. Place 2 – 5. Place 2 – 6. Place 1 – 7. Place 1 – 8. Place 1 – 9. Place 2 – 10. Place 1.

Exercice 2 : 1.Sie hat viel Geld, aber (sie) gibt nichts aus. – Ich heiße Hans und mein Vater (heißt) Franz. – Willst du Bier trinken oder ein Butterbrot essen? – Er lernt nicht Russisch, denn es ist zu schwer. –

Kommst du mit ins Kino oder bleibst du in der Buchhandlung?

Exercice 3 : 1. Elle n'a pas de temps pour ses devoirs mais elle va souvent au cinéma. – 2. Il n'est pas allé en France, mais (est allé) plusieurs fois en Italie. – 3. Nous aimons la musique car la musique fait du bien après la classe. – 4. Oui, nous avons déjà visité ce musée. – 5. Pour Noël il aimerait (avoir) une bicyclette, mais son père n'est pas d'accord.

▌ FICHE 6, page 21

Exercice 1 : 1. Ich weiß, dass Elke Musik mag und dass sie Klavier spielt. – 2. Glaubst du, dass Jörg morgen kommt und dass er seine Gitarre mit-bringt? – 3. Morgen bleibe ich zu Hause und ich lese Comics. – 4. Er sagt, dass sie schön ist und dass er sie heiraten will. – 5. Willst du, dass ich morgen komme oder dass ich dich übermorgen anrufe?

Exercice 2 : 1. Se mettre au lit et boire un verre d'eau minérale. – 2. Recevoir de bonnes nouvelles et répondre de suite. – 3. Vouloir aller au cinéma ou rester (assis) devant la télévision. – 4. Aller en ville avec le tramway ou avec le métro. – 5. Vouloir aller au concert puis en dis-cothèque.

Exercice 3 : 1 C. – 2 D. – 3 E. – 4 B. – 5 A.

▌ FICHE 7, page 23

Exercice 1 : 1. Nein, ich kann dir mein Fahrrad nicht leihen. – 2. Nein, ich esse nicht gern Eis. – 3. Nein ich kann nicht schwimmen. – 4. Nein, ich habe keinen CD-Player. – 5. Nein, dieses Poster gefällt mir nicht. – 6. Nein, ich komme nicht mit. – 7. Nein, ich möchte keine Banane mehr.

– 8. Nein, ich habe nicht genug Geld.
– 9. Nein, ich gehe nicht ins Kino. –
10. Nein, ich habe mir diese
Reportage nicht angesehen. – 11.
Nein, ich habe kein Fieber. – 12.
Nein, ich bin nicht krank.

Exercice 2 : 1. Er hat keine Lust, ins
Kino zu gehen. – 2. Ich weiß nicht, ob
er heute in die Schule geht. – 3. Sie
hat keine Zeit. – 4. Sie hat nie Zeit. –
5. Ich sehe nicht jeden Tag fern. –
6. Sie hat keine Geduld. – 7. Ich kenne
diesen Schauspieler nicht. – 8. Keine
Ahnung! – 9. Komm nicht spät nach
Hause! – 10. Ich bin nicht müde.

▌FICHE 8, page 25

Exercice 1 : 1. Sie hat große Kinder. –
2. Wir haben eine schwarze Katze. –
3. Sie erwartet ein Baby. – 4. Ich habe
immer Hunger. – 5. Sie haben Lust,
Deutsch zu lernen. – 6. Hast du Zeit,
mir bei den Hausaufgaben zu helfen?
– 7. Hast du den Film gesehen, der
bei den Berliner Filmfestspielen prämiert wurde? – 8. Das rosa Kleid im
Schaufenster gefällt mir sehr. – 9. Isst
du oft Pilze? – 10. Ich freue mich auf
die Ferien. – 11. Wien, die
Hauptstadt Österreichs, lockt viele
Touristen an. – 12. Kennst du Paul,
den besten Schüler unserer Klasse? –
13. Es friert mich an den Füßen.

Exercice 2 : 1. La plupart des enfants
aiment manger des bonbons. – 2. Mes
grands-parents ont une belle villa au
bord de la mer. – 3. Nous avons orné
l'arbre de Noël avec des boules de
toutes les couleurs. – 4. L'enfant joue
avec des soldats de plomb. – 5. En
juillet, nous irons en Turquie. – 6.
Sébastien a reçu une bicyclette pour
son anniversaire. – 7. Ils passent leurs
vacances d'hiver en montagne. – 8.
As-tu fait la connaissance des nouveaux voisins ? – 9. J'ai mal à la tête. –
10. Elle a de la patience. – 11. Les
environs de la ville sont beaux.

▌FICHE 9, page 27

Exercice 1 : 1. ihr. – 2. sein. – 3. ihre.
– 4. mein. – 5. unsere. – 6. ihr.

Exercice 2 : 1. Unsere Nachbarn
haben einen neuen Wagen. – 2. Leih
mir bitte deinen Walkman! – 3.
Welchen Film haben sich deine
Freunde angesehen? – 4. Herr
Müller, haben Sie Ihren Schlüssel? –
5. Sabine verliert ihre Brille sehr oft.
– 6. Kinder, vergesst eure Hand-
schuhe nicht! – 7. Es regnet : die
Kinder nehmen ihre Stiefel und
ihren Regenmantel. – 8. Führt ihr
euren Hund jeden Tag aus? / Führen
Sie Ihren Hund jeden Tag aus?

▌FICHE 10, page 29

Exercice 1 : 1. Die neuen Nachbarn
machen wenig Lärm. – 2. Ich habe
einige Freunde zum Kaffee eingeladen. – 3. Viele Kinder lesen Comics.
– 4. Sie isst jeden Tag mehrere
Bananen. – 5. Hast du viele Romane
von Erich Kästner gelesen? – 6. Sie
trinkt wenig Milch. – 7. Wenige
Schüler müssen sitzen bleiben. – 8.
Ich habe wenig Hoffnung. – 9. Sie hat
mehrere schwarze Pullis.

Exercice 2 : 1. Il y a peu de fautes dans
ton exercice. – 2. Je l'ai rencontré il y
a quelque temps au supermarché. –
3. Je vous souhaite bien des choses. –
4. La brochure décrit tous les chemins de randonnée de Bavière. – 5. À
l'Office du tourisme, on peut trouver
des cartes avec tous les sentiers de
randonnée. – 6. Beaucoup de bus
redescendent les touristes dans la val-
lée. – 7. Ça ne demande pas beaucoup
de courage. – 8. Il n'y a que peu d'étudiants qui font une thèse de troisième
cycle. – 9. On va loin avec beaucoup
d'argent. – 10. En 1993, la plus grande exposition sur Cézanne eut lieu à
Tübingen.

FICHE 11, page 31

Exercice 1 : 1. der Lehrer. – 2. das Kind. – 3. keine netten Freunde. – 4. dieses gute Buch. – 5. Die Informationen.

Exercice 2 : 1. Les élèves travaillent bien. – 2. Où la maîtresse reste-t-elle ? – 3. Tès amis sont toujours très gentils. – 4. Que veut dire ce mot en français ? – 5. C'est un bon appareil.

Exercice 3 : 1. Wen siehst du dort? – 2. Was magst du nicht? – 3. Wen kennt ihr nicht? – 4. Wen hast du gestern getroffen? – 5. Was zeichnet sie immer?

FICHE 12, page 33

Exercice 1 : 1. Maman offre un livre au grand-père (à Papi). – 2. Bernd apporte un poster à son ami. – 3. Jochen achète des gâteaux à sa mère. – 4. Donnes-tu un verre de coca à ta maîtresse ? – 5. Ils ne veulent pas donner un Pfennig à leur ami. – 6. Papa donne des médicaments à ses enfants. – 7. Felix apporte une assiette à son oncle. – 8. Elle ne veut pas me faire de soupe. – 9. Nous montrons notre travail au professeur. – 10. Les parents donnent un peu d'argent au mendiant.

Exercice 2 : 1. seiner Freundin – 2. meinem Vater – 3. deinem Freund – 4. der Katze. – 5. ihren Freunden.

FICHE 13, page 35

Exercice 1 :

	der	das	die
1. Neuling	x		
2. Wirkung			x
3. Tempo		x	
4. Mädchen		x	
5. Lehrer	x		
6. Universität			x
7. Fotograf	x		

Exercice 2 : Das Jahr. – die Gabel. – der Löffel. – das Messer. – das Glas. – das Lied- der Monat. – der Wagen. – das Instrument. – der Apparat- die Schönheit -der Irrtum. – die Arbeit. – das Kino. – das Museum- die Informatik. – die Bahn. – der Berg. – die See (la mer, der See, le lac)- das Meer. – das Land. – der Norden. – der Weg. – der Herbst -die Information. – die Zeitung. – das Blatt. – der Sport. – die Haustür. – das Foto.

Exercice 3 : das Arbeitsbuch. – der Bücherschrank. – der Zeitungsartikel. – die Straßenseite. – der Tanzabend. – die Biologielektion. – die Hausarbeit. – der Hausmann. – das Kindermädchen. – der Sportschuh.

FICHE 14, page 37

Exercice 1 : 1. die Strände – 2. die Herren. – 3. die Chefs. – 4. die Kriege. – 5. die Maurer. – 6. die Passagiere. – 7. die Apparate. – 8. die Bälle. – 9. die Ingenieure. – 10. die Studenten.

Exercice 2 : der Minister. – der Geist. – der Tisch. – der Artist. – der Monat. – der Löffel. – der Politiker. – der Handballspieler.

FICHE 15, page 39

Exercice 1 : 1. die Schulden. – 2. die Meere. – 3. die Löcher. – 4. die Mäuse. – 5. die Hemden. – 6. die Arbeiten. – 7. die Argumente. – 8. die Gefahren. – 9. die Klöster. – 10. die Zeitungen.

Exercice 2 :

	Masculin	Féminin	Neutre	Pluriel
Seeleute				x
Vogel	x			
Tisch	x			
Jungen				x
Katzen				x
Monate				x

▌FICHE 16, page 41

Exercice 1 : Ich habe deine neue Bluse gewaschen. – 2. Er reist immer mit seinen alten Koffern. – 3. Sie kauft keine grünen Äpfel. – 4. Das Brandenburger Tor ist ein beliebtes Symbol der Deutschen Einheit. – 5. Die deutschen Landschaften sind sehr vielfältig. – 6. Der deutsche Teil der Alpen umfasst nur einen schmalen Teil dieses Gebirges. – 7. Die wichtigsten Inseln in der Nordsee sind die Ostfriesischen Inseln. – 8. Fast jeder dritte Einwohner der Bundesrepublik wohnt in einer Großstadt. – 9. Etwa jedes zehnte Buch, das weltweit erscheint, ist in deutscher Sprache geschrieben. – 10. Deutschland ist ein ausländerfreundliches Land.

Exercice 2 : 1. Alle alten Museen dieser Stadt interessieren mich. – 2. Ich habe meiner besten Freundin einen sehr langen Brief geschrieben. – 3. Frau Müller, ich habe Ihre neue Adresse vergessen. – 4. *Der blaue Engel* ist ein sehr berühmter film mit Marlene Dietrich.

▌FICHE 17, page 43

Exercice 1 : 1. I. – 2. D. – 3. G. – 4. F. – 5. H. – 6. K. – 7. J. – 8. A. – 9. B. – 10. E. – 11. C.

Exercice 2 : 1. *kalter Kaffee* : nominatif masculin singulier. – 2. *guter Ruf* : nominatif masculin singulier. – 3. *mit offenen Armen* : datif pluriel. – 4. *gute Miene* : accusatif féminin singulier. – 5. *mit fremden Federn* : datif pluriel. – 6. *kurzen Prozess* : accusatif masculin singulier. – 7. *freie Hand* : accusatif féminin singulier. – 8. *offene Türen* : accusatif pluriel. – 9. *auf eigenen Beinen* : datif pluriel. – 10. *fauler Zauber* : nominatif masculin singu-lier. – 11. *komplizierte Rechnungen* : accusatif pluriel.

▌FICHE 18, page 45

Exercice 1 : 1. Ein Wagen fährt schneller als ein Fahrrad. – 2. Eis schmeckt besser als Aspirin. – 3. Ein Flug nach Berlin dauert länger als ein Flug nach Nizza. – 4. Ich gehe lieber ins Kino als zum Zahnarzt (le dentiste). – 5. Ein Buch ist billiger als ein Fernseher. – 6. Der Eiffelturm ist höher als das Brandenburger Tor. – 7. Ich esse lieber im Restaurant als in der Kantine. – 8. Im juli ist es wärmer als im Dezember.

Exercice 2 : 1. Ein Fahrrad fährt nicht so schnell wie ein Wagen. – 2. Aspirin schmeckt nicht so gut wie ein Eis. – 3. Ein Flug nach Nizza dauert nicht so lange wie ein Flug nach Berlin. – 4. Ich gehe nicht so gern zum Zahnarzt wie ins Kino. – 5. Ein Fernseher ist nicht so billig wie ein Buch. – 6. Das Brandenburger Tor ist nicht so hoch wie der Eiffelturm. – 7. In der Kantine esse ich nicht so gut wie im Restaurant. – 8. Im Dezember ist es nicht so warm wie im Juli.

Exercice 3 : 1. Gehst du öfter ins Schwimmbad als ins Kino? – 2. Sie arbeitet besser als ihr Bruder. – 3. Es gibt so viele Vorurteile in Deutschland wie in Frankreich. – 4. Boris Becker ist bekannter als Michael Stich. – 5. Sabine singt nicht so gut wie Paula. – 6. Peter ist so alt wie Jürgen. – 7. Er trinkt lieber Tee als Kaffee. – 8. Ich laufe so schnell wie er.

▌FICHE 19, page 47

Exercice 1 : 1. Es ist der faulste Schüler unserer Klasse. – 2. Es ist das beste Buch, das ich je gelesen habe. *(Je = jamais au sens positif)*. – 3. Die schönsten Villen liegen dem Meer gegenüber. – 4. Wer hat am besten gearbeitet? – 5. Die Lüneburger Heide ist der älteste Naturpark Deutschlands. – 6. Berlin ist zur Zeit die größte Baustelle Deutschlands. – 7. Im Sommer fühlt er sich am besten.

Exercice 2 : 1. C. – 2. D. – 3. E. – 4. F. – 5. A. – 6. G. – 7. B.

▌FICHE 20, page 49

Exercice 1 : 1. sie, sie. – 2. ihn, ihn. – 3. es, dir. – 4. sie, dir. – 5. ihn, ihm.

Exercice 2 : 1. ihnen. – 2. sie. – 3. er. – 4. sie. – 5. ihnen. – 6. ihn. – 7. sie, ihr. – 8. ihnen.

▌FICHE 21, page 51

Exercice 1 : 1. der, – 2. den, – 3. dessen, – 4. das, – 5. den, – 6. denen, – 7. dem, – 8. die, – 9. dessen, – 10. den, – 11 der.

Exercice 2 : 1. Kannst du mir das Buch, das ich dir geliehen habe, zurückgeben? – 2. Der Rock, den du anprobierst, ist zu lang. – 3. Ich kenne die Leute, mit denen du arbeitest. – 4. Er spielt mit dem Computerspiel, das du ihm verschenkt hast. – 5. Die Expo 2 000, die in Hannover stattfindet, ist eine universelle Weltausstellung. – 6. Paul Klee, dessen Werke ich bewundere, ist weltberühmt.

▌FICHE 22, page 53

Exercice 1 : 1. Wir fahren durch den Tunnel. – 2. Kannst du ohne Brille sehen? – 3. Ich kaufe diese Blumen für meine Mutter. – 4. Der Wagen fährt gegen einen Baum. – 5. Ist Post für mich da? ou : Gibt es Post für mich? – 6. Sie sucht ein Geschenk für ihren Vater. – 7. Bleibst du für den

Abend bei uns? – 8. Sie sprechen von den Ferien. – 9. Er geht zu Freunden. – 10. Fährst du mit ihnen nach Paris? – 11. Während seiner Arbeit macht er zwei Pausen. – 12. Sie kaufen den Computer trotz seines Preises. – 13. Was möchtest du statt der Limo? – 14. Seit einem Monat lebt er in München. – 15. Wir arbeiten bei der Zentralbank.

Exercice 2 : 1. Mit. – 2. Für. – 3. Ohne. – 4. Aus. – 5. Bei. – 6. zu. – 7. Seit. – 8. Nach. – 9. Wegen. – 10. Trotz.

▌FICHE 23, page 55

Exercice 1 : 1. Wir gehen oft ins (in das) Kino. – 2. Mein Vater arbeitet im (in dem) Garten. – 3. Gehen sie auf die Post? – 4. In der Schule lernen die Schüler Deutsch. – 5. Am Sonntag fahren wir an die See (ou : ans Meer). – 6. Berlin liegt an der Spree. – Spring ins Wasser! – 7. Sie arbeitet im Rathaus. – 8. Ich laufe ans (an das) Telefon. – 9. Spiel nicht auf der Straße!

Exercice 2 : 1. Il aime aller à la campagne. – 2. Elle est (assise) devant la télévision. – 3. J'aimerais passer mes vacances en Corse. – 4. Au-dessus du canapé il y a un tableau. – 5. Maman ne veut plus travailler dans la cuisine. – 6. Assieds-toi près de moi. – 7. Pourquoi restes-tu près de la porte ? – 8. Tu trouveras le journal près de la porte. – 9. Ils jouent derrière la maison. – 10. Pose ton verre sur la table !

▌FICHE 24, page 57

Es war **im** Januar dieses Jahres wieder sehr kalt. – Schon **am** frühen Morgen hatten wir immer **um** 5 Uhr dicken Schnee. **In** der Nacht fror es oft. **Am** Spätvormittag, wenn manchmal die Sonne schien, konnte man das Auto ohne Gefahr benutzen. **Um** 17 Uhr brach die Nacht herein und wir mussten wieder nach Hause fahren. Es war **im** Winter **am** 19. Dezember **im** Jahre 1954.

▮ Fiche 25, page 59

Exercice 1 : 1. Ich weiß, dass es wahr ist. – 2. Er behauptet, dass er der Beste ist. – 3. Sie fragt mich, ob er ins Kino gehen darf. – 4. Wir wissen, dass das Examen uns bevorsteht. – 5. Sie zweifeln, ob sie da bleiben.

Exercice 2 : 1. Sie sagt, dass sie oft im Sommer an den Strand geht. – 2. Sie wissen nicht, ob der Zug um 7 Uhr abfährt. – 3. Er erklärt uns, dass er nach Amerika fliegen möchte.

Exercice 3 : 1. Da er krank war, konnte er nicht kommen. – 2. Da er den Brief nicht bekommen hat, ist er nicht auf die Party gekommen. – 3. Die Bäume verlieren ihre Blätter, weil es zu viel geregnet hat.

Exercice 4 : 1. Er bleibt zu Hause, weil er für das Examen arbeiten will. – 2. Es ist klar, dass nur wenige Schüler in Frankreich Deutsch lernen. – 3. Da er sich keine Mühe geben will, muss er die Klasse wiederholen.

Exercice 5 : 1. Il reste à la maison parce qu'il veut travailler pour l'examen. – 2. Il est évident que seulement peu d'élèves apprennent l'allemand en France. – 3. Comme il ne veut pas se donner de mal, il doit redoubler sa classe.

▮ Fiche 26, page 61

1. Du hast mehrere Koffer. Welchen nimmst du morgen? – 2. Ich frage mich, wann sie mit ihren Dummheiten aufhören. – 3. Frag sie, wo sie ihre Schuhe kauft. – 4. Weißt du, wie es ihr geht. – 5. Ich weiß nicht, mit wem er in die Ferien fährt. – 6. Sag mir, wie spät es ist. – 7. Erzähl mir, was du heute gemacht hast. – 8. Die Journalisten fragen sich, was der Kanzler in seiner Erklärung vorschlagen wird. – 9. Ich weiß nicht, woher er das weiß. – 10. Ich habe keine Ahnung, wohin er in den Winterferien reisen wird. – 11. Bleibt da, wo ihr seid! – 12. Sieh, wohin er geht! – 13. Frag sie, wann sie kommen. – 14. Ich weiß nicht, woher sie kommen. – 15. Ich möchte wissen, wer das gemacht hat. – 16. Ich frage mich, was aus der Fernsehzeitung geworden ist. – 17. Ich weiß nicht, wen er zur Party eingeladen hat. – 18. Ich möchte verstehen, warum du den ganzen Tag vor dem Fernseher hockst. –19. Ich begreife nicht, wie so etwas möglich ist. – 20. Sie fragen sich, wie es dazu kam. – 21. Ich weiß nicht, seit wann er krank ist. – 22. Ich frage mich, wen das stört.

▮ Fiche 27, page 63

Exercice 1 : 1. Sie freuen sich, ins Kino zu gehen. – 2. Sie hat mir versprochen, mehr zu arbeiten. – 3. Hast du Lust, dieses Buch zu lesen? – 4. Er ist stolz, seine neue Uhr zu zeigen. – 5. Er geht ins Kino, anstatt seine Lektion zu lernen.

Exercice 2 : 1. Er lacht seinen Bruder aus, anstatt ihm zu helfen. – 2. Wir gehen nicht ins Kino, um besser zu arbeiten. – 3. Sabine geht in den Supermarkt, um Waschpulver zu kaufen. – 4. Er besichtigt die Ausstellung, ohne den Katalog zu kaufen. – 5. der Lehrer führt die Schüler ins Theater, damit sie die neue Inszenierung sehen.

Exercice 3 : 1. F. – 2. C. – 3. E. – 4. A. – 5. D. – 6. B.

■ FICHE 28, page 65

Exercice 1 : 1. Als er sie nach drei Jahren wiedersah, erkannte er sie nicht. – 2. Wir machen eine Radtour, wenn das Wetter sonnig ist. – 3. Wenn der Teich zugefroren ist, laufen wir Schlittschuh. – 4. Meine Mutter wurde wütend, als sie die Nachricht erfuhr.

Exercice 2 : 1. Il ne savait pas quand se présenter. – 2. À la chute du mur de Berlin tous les Allemands se réjouirent. – 3. Nous sommes obligés de beaucoup marcher quand le métro est en grève. – 4. Lorsqu'on parla pour la première fois d'ordinateurs, personne ne comprit grand chose.

Exercice 3 : 1. Sais-tu quand nos parents arrivent ? – 2. Quand les vacances arrivent, les élèves s'excitent. – 3. Quand je rentre à la maison, le repas est prêt. – 4. Lorsqu'il apprit l'accident, il courut directement à l'hôpital.

Exercice 4 : 1. Ich kann dir nicht sagen, wann dieses Buch erscheint. – 2. Als sie die Tür aufmachte, hatte sie Angst. – 3. Wir nehmen immer eine Taschenlampe mit, wenn wir am Abend spät nach Hause gehen.

■ FICHE 29, page 67

Exercice 1 : 1. Bevor die Eltern zurückkommen, räumen die Kinder ihr Zimmer auf. – 2. Nachdem sie ihr Zimmer aufgeräumt haben, toben sie herum. – 3. Nachdem du den Text verstanden hast, kannst du ihn erst interpretieren. – 4. Bevor die Kinder in die Schule gehen, sollen sie gut frühstücken. – 5. Nachdem er die ganze Nacht getanzt hatte, hatte er großen Durst.

Exercice 2 : 1. Après avoir fait nos valises, nous partîmes vite à la gare. –

2. Avant de prendre nos billets nous dûmes retirer de l'argent. – 3. Avant d'arriver dans la capitale, nous avons sorti le plan de ville de notre sac à dos. – 4. Après être allés nous promener, nous avons regardé la télévision. – 5. Avant d'aller au lit, nous avons longtemps discuté du programme du lendemain.

Exercice 3 : 1. Nachdem sie das Abendessen eingenommen hatten, gingen sie ins Kino. – 2. Bevor er nach Deutschland fuhr, kaufte er sich ein zweisprachiges Wörterbuch. – 3. Nachdem er das Gymnasium verlassen hatte, trat er in die Lehre ein. – 4. Bevor du Peter anrufst, musst du seine Telefonnummer finden.

■ FICHE 30, page 69

Exercice 1 : 1. Du kannst bleiben, solange du magst. – 2. Während ich bei dem Kranken blieb, rief mein Freund den Krankenwagen. – 3. Alle Schüler schweigen, sobald der Lehrer kommt. – 4. Sobald er nach Hause kommt, will er sofort essen. – 5. Ich fühle mich viel besser, seit ich die Siesta gemacht habe. – 6. Das Kind weinte, bis die Mutter wieder nach Hause kam. – 7. Seitdem er sie kennengelernt hat, gefällt ihm keine andere. – 8. Warte, bis ich komme. – 9. Solange sein Fahrrad kaputt ist, geht er zu Fuß ins Büro.

Exercice 2 : 1. Tu peux rester aussi longtemps que tu veux. – 2. Tandis que je restai près du malade, mon ami appela l'ambulance. – 3. Tous les élèves se taisent, dès que le professeur arrive. – 4. Dès qu'il rentre à la maison, il veut tout de suite manger. – 5. Je me sens beaucoup mieux depuis que j'ai fait la sieste. – 6. L'enfant pleura jusqu'à ce que sa mère rentre à la maison. – 7. Depuis qu'il a fait sa connaissance, aucune autre ne lui plaît. – 8. Attends jusqu'à mon retour. – 9. Tant que sa bicyclette est cassée il va à pied au bureau.

Exercice 3 : 1. Du musst Geduld üben, bis du achtzehn bist. – 2. Besuch mich, sobald du es wünschst. – 3. Seitdem ich dich kenne, habe ich Fortschritte auf Deutsch gemacht.

Exercice 4 : 1. Pendant qu'il travaillait, elle lisait beaucoup de bandes dessinées. – 2. Depuis la mort de son chien (depuis que son chien est mort), il ne se promène plus. – 3. Écris-moi dès que tu seras à Rome.

▌ FICHE 31, page 71

Exercice 1 :
1. Wenn er Geld bekäme (bekommen würde), würde er sich ein Fahrrad kaufen.
   Wenn er Geld bekommen hätte, hätte er sich ein Fahrrad gekauft.
2. Wenn er nach Wien flöge (fliegen würde), würde er die vielen Museen besichtigen.
   Wenn er nach Wien geflogen wäre, hätte er vielen Museen besichtigt.
3. Wenn er dieses Wasser tränke (trinken würde), würde er ein Risiko eingehen.
   Wenn er dieses Wasser getrunken hätte, wäre er ein Risiko eingegangen.
4. Wenn er ins Gebirge führe (fahren würde), würde er die Winterreifen montieren.
   Wenn er ins Gebirge gefahren wäre, hätte er die Winterreifen montiert.
5. Wenn ich im Schwarzwald wäre, würde ich mir eine Kukucksuhr kaufen.
   Wenn ich im Schwarzwald gewesen wäre, hätte ich mir eine Kukucksuhr gekauft.

Exercice 2 : 1. B. – 2. D. – 3. C. – 4. E. – 5. A.

▌ FICHE 32, page 73

Exercice 1 : 1. Locatif. – 2. Directionnel. – 3. Locatif. – 4. Directionnel. – 5. Directionnel. – 6. Directionnel. – 7. Locatif. – 8. Locatif.

Exercice 2 : 1. Wo arbeitet er? – 2. Wohin will sie fahren? – 3. Wo essen die Kinder? – 4. Wohin fährt er? – 5. Wo spielen die Schüler?

Exercice 3 : 1. bei. – 2. zu. – 3. nach. – 4. in. – 5. zu.

▌ FICHE 33, page 75

Exercice 1 : 1. Ich habe Deutsch in Frankreich gelernt. – 2. Wohin seid ihr (sind Sie) im August gefahren? – 3. In die Alpen. – 4. Er arbeitet schlecht in der Schule. – 5. Wo bleibst du denn so lange?

Exercice 2 : 1. Setz dich auch vor das Fenster! – 2. Karl sitzt schon neben dem Fenster. – 3. Wohin geht (fährt) er? Zu seiner Freundin. – 4. Sie wohnt in Berlin. – 5. Wo verbringst du das Wochenende? Bei meiner Tante.

Exercice 3 : 1. Wohin stellt sie das Glas? – 2. Wo sitzt sie immer? – 3. Wohin wollt ihr im Sommer (fahren)? – 4. Wo ist das Wetter immer sonnig? – 5. Wo wohnt ihr dort?

Exercice 4 : 1 ihren. – 2. dem. – 3. ins. – 4. Im. – 5. der.

▌ FICHE 34, page 77

Exercice 1 : 1. Im Zimmer. – 3. im Schrank. – 5. am Telefon.

Exercice 2 : 1. Ils vont à la mer tous les jours. – 2. Ils passent de nombreuses heures à la mer. – 3. Elle met le vase sur la petite table. – 4. Tous les enfants aiment être (assis) devant la télévision. – 5. Il se tenait devant la porte avec des fleurs à la main.

Exercice 3 : 1. Leg schnell die Zeitung auf den Tisch! – 2. Sie legt sich immer um neuen Uhr ins Bett. – 3. Hinter dem Haus steht ein alter Baum. – 4. Setz dich neben ihn! – 5. Ich habe seinen Namen im Radio gehört.

▌FICHE 35, page 79

Exercice 1 : eintreten. – einladen.

Exercice 2 : beginnen. – empfangen. – erzählen. – entdecken. – gefallen. – verlieren.

Exercice 3 : geantwortet. – geschlafen. – mitgebracht. – ausgegangen. – gelesen. – zurückgekommen. – getanzt. – vorbereitet. – geregnet. – ferngesehen.

▌FICHE 36, page 81

Exercice 1 :

verbes faibles	verbes forts	verbes irréguliers
arbeiten	gehen	kennen
spielen	kommen	bringen
hören	fahren	rennen
zeichnen	singen	
tanzen	essen	
haben	trinken	
machen	sehen	
kaufen	sein	
investieren	werden	
telefonieren	nehmen	
	tragen	
	lesen	
	bleiben	
	laufen	
	tun	
	schlafen	
	verstehen	

Exercice 2 : warten. – sein. – mitbringen. – amüsieren. – fallen (ou gefallen « plaire »). – werden. – bringen. – haben. – verstehen. – ankommen. – waschen. – nehmen. – sehen. – transportieren. – kennen. – erzählen. – schreiben. – setzen. – beginnen. – rennen.

Exercice 3 : du hattest. – er ging. – sie spielte. – ich kam. – wir lernten. – ihr fuhrt. – sie sprachen. – Ich nahm. – du trugst. – er erklärte. – sie träumte. – wir wünschten. – ihr schlieft. – sie aßen.

▌FICHE 38, page 85

Exercice 1 : 1. hat. – 2. hat. – 3. hat. – 4. ist. – 5. ist. – 6. sind, haben. – 7. bist, bin. – 8. habt. – 9. haben, sind. – 10. ist. – 11. seid. – 12. haben. – 13. hat. – 14. hat. – 15. hat. – 16. haben. – 17. ist. – 18. hat. – 19. hat. – 20. bist.

▌FICHE 39, page 87

Exercice 1 : *Les formes verbales au Subjonctif 2 sont les suivantes :* 2. – wir gäben. 3. du könntest. – 4. er lernte. – 8. sie gingen. 10. wir müssten. – 11. ihr läset. – 13. wir wären… gewesen. – 14. du hättest. – 16. du bliebest. – 17. ihr hättet… genommen. – 18. sie informierten. – 19. er würde… wiederholen.

Exercice 2 : 1. Peter serait volontiers venu à la fête s'il avait eu plus de temps. – 2. Tu aurais obtenu une meilleure note si tu avais travaillé davantage. – 3. Je passerais volontiers mes vacances en Espagne.

▌FICHE 40, page 89

Exercice 1 : 1. Das kranke Kind wird vom Arzt gepflegt. – 2. Der Baum wurde vom Blitz getroffen. – 3. Die Nachricht wurde mir von meiner Tante per Telefax geschickt. – 4. Eine Kontrolle wird vom Polizisten (masculin faible) durchgeführt. – 5. Viele Staaten und internationale Organisationen werden vom Kanzler zur Expo 2000 nach Hannover eingeladen. – 6. Er wird vom Straßenlärm geweckt. – 7. Zu Weihnachten wurde mir ein langer Brief von Paul geschrieben. – 8. Die Fußball-Weltmeisterschaft wurde von der deutschen Nationalmannschaft dreimal gewonnen. – 9. Die Kosten wurden durch den Verkauf von Eintrittskarten gedeckt. – 10. Die Fenster sollen geputzt werden (infinitif passif). – 11. Die Sanierung der Altbauten in den neuen Ländern muß fortgesetzt werden (infinitif passif). – 12. Erhebliche Summen werden vom Umzug der Ministerien und Behörden nach Berlin verschlungen. – 13. Diese CD wurde mir zu Weihnachten von meiner Schwester geschenkt.

Exercice 2 : Brosser les cornichons pour les nettoyer, les laver et les laisser tremper une nuit dans l'eau fortement salée. Le lendemain les sécher soigneusement et les mettre dans un pot de grès en alternant successivement cornichons et fines herbes…

▮ FICHE 41, page 91

Exercice 1 : 1. Hilf deiner Schwester bei ihren Schulaufgaben! – 2. Wartest du mit mir auf den Bus? – 3. Ich bitte dich, unsere Freunde vom Bahnhof abzuholen. – 4. Sie träumt von einem neuen Wagen. – 5. Wann kannst du mich besuchen? – 6. Sie hat ihn (ou sie) nach dem Preis des Buchs gefragt. – 7. Genieße deine Sommerferien am Meer. – 8. Ich möchte die Krankenschwester sprechen. – 9. Hast du daran gedacht, ihm zu danken? – 10. Ich freue mich über deinen Erfolg.

Exercice 2 : 1. Die Mutter hilft dem Kind beim Lernen. – 2. Sie warten mit dem Essen auf den Vater. – 3. Vergiß nicht, unseren Freunden zu danken. – 4. Sie bittet ihren Freund um Antwort. – 5. Er hat seiner Freundin in den Mantel geholfen.

▮ FICHE 42, page 93

Exercice 1 : 1. Ich muss meine Schulaufgaben machen, sonst darf ich nicht ins Kino. – 2. Magst du Suppe? – 3. Ich will Physiker werden. – 4. Ich weiß, daß du Recht hast. – 5. Weißt du, wie ich diese Geschichte übersetzen kann? – 6. Woher konntest du es wissen? – 7. Hier darf man nicht parken. – 8. Ich kann Ski fahren. – 9. Er musste lachen. – 10. Er arbeitet im Büro. Er kann nicht mitkommen. – 11. Sie soll mehr arbeiten. – 12. Ich muss weg. – 13. Ich mag ihn nicht. – 14. Ich habe es immer gewusst. – 15. Was will er von mir? – 16. Das soll dir angenehm sein. – 17. Du sollst nicht frech sein. – 18. Ich muss jeden Morgen um halb sechs aufstehen. – 19. Du darfst so etwas nicht sagen. – 20. Was kannst du auswendig?

CORRIGÉ DES TESTS D'ÉVALUATION

Test 1 : 1a – 2c
Test 2 : 1b – 2c
Test 3 : 1b – 2c
Test 4 : 1c – 2b
Test 5 : 1c – 2a
Test 6 : 1c – 2a
Test 7 : 1b – 2c
Test 8 : 1c – 2b
Test 9 : 1c – 2b
Test 10 : 1b – 2a
Test 11 : 1a – 2b
Test 12 : 1b – 2c
Test 13 : 1c – 2b
Test 14 : 1b – 2c
Test 15 : 1c – 2b
Test 16 : 1c – 2c
Test 17 : 1c – 2b
Test 18 : 1a – 2b
Test 19 : 1c – 2b
Test 20 : 1a – 2a
Test 21 : 1c – 2a (*gefallen* = plaire, *schmecken* = avoir bon goût)
Test 22 : 1c – 2b
Test 23 : 1c – 2a
Test 24 : 1b – 2c
Test 25 : 1b – 2a (*nun* = maintenant)
Test 26 : 1c – 2b
Test 27 : 1c – 2b
Test 28 : 1c – 2a
Test 29 : 1b – 2c
Test 30 : 1a – 2a

Test 31 : 1b – 2a
Test 32 : 1a – 2b
Test 33 : 1c – 2a
Test 34 : 1b – 2c
Test 35 : 1c – 2a
Test 36 : 1c – 2b
Test 37 : 1b – 2c
Test 38 : 1a – 2c
Test 39 : 1a – 2b
Test 40 : 1b – 2a
Test 41 : 1c – 2a
Test 42 : 1b – 2c
Test 43 : 1a – 2b
Test 44 : 1b – 2a
Test 45 : 1c – 2b
Test 46 : 1a – 2c
Test 47 : 1b – 2c
Test 48 : 1b – 2b
Test 49 : 1c – 2a
Test 50 : 1c – 2a
Test 51 : 1b – 2c
Test 52 : 1a – 2c
Test 53 : 1b – 2c
Test 54 : 1a – 2b
Test 55 : 1b – 2c
Test 56 : 1b – 2b
Test 57 : 1a – 2b
Test 58 : 1c – 2c
Test 59 : 1c – 2b
Test 60 : 1c – 2a

La nouvelle orthographe allemande

Cette réforme a été entérinée à Vienne le 1ᵉʳ juillet 1996. Son entrée en vigueur a été fixée au 1ᵉʳ août 1998, mais les anciennes règles seront encore tolérées jusqu'au 31 août 2005. Au-delà de cette date, l'ancienne orthographe ne sera plus correcte.

Quelques aspects de cette réforme :

Le ß ne remplacera les ss que s'il suit deux voyelles ou une voyelle longue. Ex. *Ich heiße* (je m'appelle), *draußen* (dehors), *der Fuß / die Füße* (le pied / les pieds), *die Straße* (la rue), *die Grüße* (les salutations), *groß* (grand).

Mais on écrira désormais :
der Kuss (le baiser), *dass* (que), *ich muss* (je suis obligé), *du lässt* (tu laisses), *du vergisst* (tu oublies).

▌ Dans un **mot composé**, le **triplement de la consonne** sera conservé :
Ex. *Der Baletttänzer* (le danseur), *das Betttuch* (le drap).

▌ **Dans les lettres**, les pronoms des personnes auxquelles on écrit, seront désormais en minuscule.
Ex. *Ich danke dir für deinen Brief.* Je te remercie de ta lettre.
La majuscule reste cependant utilisée pour la forme de politesse.
Ex. *Ich danke Ihnen für Ihre Hilfe.* Je vous remercie de votre aide.

▌ Tout **substantif accompagné d'un verbe**, prend une **majuscule**.
Ex. *Ich fahre Rad.* Je fais de la bicyclette. *Ich habe Recht.* J'ai raison.

▌ **Les termes désignant les moments de la journée** s'écrivent avec une majuscule.
Ex. *heute Morgen* (ce matin), *gestern Nachmittag* (hier après-midi).

▌ **Retenons encore** :

auf Deutsch (en allemand), *der / die Letzte* (le dernier / la dernière), *das ist das Gleiche* (c'est la même chose), *im Voraus* (en avance) et : *zu viel* (trop), *zu wenig* (trop peu), *wie viel* (combien).

Cette liste n'est pas exhaustive, mais tu peux déjà t'habituer, peu à peu, à employer la nouvelle orthographe pour être fin prêt en 2005 !

Die größten Städte Deutschlands

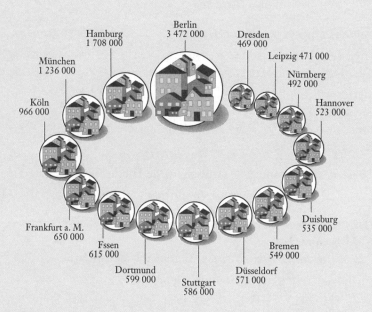

München
1 236 000

Hamburg
1 708 000

Berlin
3 472 000

Dresden
469 000

Leipzig 471 000

Nürnberg
492 000

Köln
966 000

Hannover
523 000

Frankfurt a. M.
650 000

Fssen
615 000

Dortmund
599 000

Stuttgart
586 000

Düsseldorf
571 000

Bremen
549 000

Duisburg
535 000

Souligne les villes citées à la page précédente :

Tu retrouveras les 16 Länder ci-dessous :

Attribue à chaque Land sa capitale :

Parmi les 16 Länder, trois sont des villes-états. Repère-les !

1. Baden-Württemberg : . . . .

2. Bayern : . . . .

3. Berlin : . . . .

4. Brandenburg : . . . .

5. Bremen : . . . .

6. Hamburg : . . . .

7. Hessen : . . . .

8. Mecklenburg-Vorpommern : . . . .

9. Niedersachsen : . . . .

10. Nordrhein-Westfalen : . . . .

11. Rheinland-Pfalz : . . . .

12. Saarland : . . . .

13. Sachsen : . . . .

14. Sachsen-Anhalt : . . . .

15. Schleswig-Holstein : . . . .

16. Thüringen : . . . .

Liste de verbes forts

INFINITIF	PRÉSENT	PRÉTÉRIT	PARFAIT
anfangen *(commencer)*	er fängt an	er fing an	er hat angefangen
aufstehen *(se lever)*	er steht auf	er stand auf	er ist aufgestanden
beginnen *(commencer)*	er beginnt	er begann	er hat begonnen
bekommen *(recevoir)*	er bekommt	er bekam	er hat bekommen
bitten *(prier qqn de faire qqc.)*	er bittet	er bat	er hat gebeten
bleiben *(rester)*	er bleibt	er blieb	er ist geblieben
bringen *(apporter)*	er bringt	er brachte	er hat gebracht
denken *(penser)*	er denkt	er dachte	er hat gedacht
einladen *(inviter)*	er lädt ein	er lud ein	er hat eingeladen
essen *(manger)*	er isst	er aß	er hat gegessen
fahren *(aller)*	er fährt	er fuhr	er ist gefahren
fallen *(tomber)*	er fällt	er fiel	er ist gefallen
fernsehen *(regarder la télévision)*	er sieht fern	er sah fern	er hat ferngesehen
finden *(trouver)*	er findet	er fand	er hat gefunden
fliegen *(voler; prendre l'avion)*	er fliegt	er flog	er ist geflogen
fressen *(manger – animaux)*	er frisst	er fraß	er hat gefressen
geben *(donner)*	er gibt	er gab	er hat gegeben
gefallen *(plaire)*	er gefällt	er gefiel	er hat gefallen
gehen *(aller)*	er geht	er ging	er ist gegangen
halten *(s'arrêter; tenir)*	er hält	er hielt	er hat gehalten
hängen *(être accroché)*	er hängt	er hing	er hat gehangen
heißen *(s'appeler)*	er heißt	er hieß	er hat geheißen
helfen *(aider)*	er hilft	er half	er hat geholfen
kommen *(venir)*	er kommt	er kam	er ist gekommen
lassen *(laisser)*	er lässt	er ließ	er hat gelassen
laufen *(courir)*	er läuft	er lief	er ist gelaufen
lesen *(lire)*	er liest	er las	er hat gelesen

liegen (*être couché, posé à plat*)	er liegt	er lag	er hat gelegen
nehmen (*prendre*)	er nimmt	er nahm	er hat genommen
raten (*conseiller, deviner*)	er rät	er riet	er hat geraten
rufen (*appeler*)	er ruft	er rief	er hat gerufen
scheinen (*sembler*)	er scheint	er schien	er hat geschienen
schlafen (*dormir*)	er schläft	er schlief	er hat geschlafen
schlagen (*battre*)	er schlägt	er schlug	er hat geschlagen
schließen (*fermer*)	er schließt	er schloss	er hat geschlossen
schneiden (*couper*)	er schneidet	er schnitt	er hat geschnitten
schreiben (*écrire*)	er schreibt	er schrieb	er hat geschrieben
schreien (*crier*)	er schreit	er schrie	er hat geschrien
schwimmen (*nager*)	er schwimmt	er schwamm	er ist geschwommen
sehen (*voir*)	er sieht	er sah	er hat gesehen
sein (*être*)	er ist	er war	er ist gewesen
sitzen (*être assis*)	er sitzt	er saß	er hat gesessen
sprechen (*parler*)	er spricht	er sprach	er hat gesprochen
springen (*sauter*)	er springt	er sprang	er ist gesprungen
stehen (*être debout*)	er steht	er stand	er hat gestanden
steigen (*monter*)	er steigt	er stieg	er ist gestiegen
tragen (*porter*)	er trägt	er trug	er hat getragen
treffen (*rencontrer*)	er trifft	er traf	er hat getroffen
trinken (*boire*)	er trinkt	er trank	er hat getrunken
tun (*faire*)	er tut	er tat	er hat getan
übertreiben (*exagérer*)	er übertreibt	er übertrieb	er hat übertrieben
vergessen (*oublier*)	er vergisst	er vergaß	er hat vergessen
verlieren (*perdre*)	er verliert	er verlor	er hat verloren
versprechen (*promettre*)	er verspricht	er versprach	er hat versprochen
verstehen (*comprendre*)	er versteht	er verstand	er hat verstanden
waschen (*laver*)	er wäscht	er wusch	er hat gewaschen
werden (*devenir*)	er wird	er wurde	er ist geworden
werfen (*lancer*)	er wirft	er warf	er hat geworfen

* Les verbes en caractères gras se conjuguent avec l'auxiliaire *sein* au parfait.

Dépôt légal : juin 1999 - N° d'éditeur : 6590 - N° d'imprimeur : 1031 - *Imprimé en Italie*
Achevé d'imprimer en juin 1999 par STIGE S.p.A. - V. Pescarito 110 - 10099 San Mauro T.se (TO) - (Téléphone : 011 - 2230101)